Die Welt, aus der wir kommen

DAS BUCH VOM EUROPÄISCHEN MITTELALTER

Wissenswertes in Worten, Karten und Bildern

Mike Corbishley

Aus dem Englischen von Raffaella Wiesinger-Pontevia

Arena

CIP-Titelaufnahme der Deutschen Bibliothek

Corbishley, Mike:
Das Buch vom europäischen Mittelalter:
Wissenswertes in Worten,
Karten und Bildern / Mike Corbishley.
Aus d. Engl. von Raffaella Wiesinger-Pontevia.
– 2. Aufl. – Würzburg : Arena, 1992
Einheitssacht.: The Middle Ages <dt.>
ISBN 3-401-04348-X

Beratung für die Serie: Gillian Evans,
Fitzwilliam College, Cambridge
Beratung für diesen Band: Donald Matthew,
University of Reading

Planung und Ausführung:
Equinox (Oxford) Ltd /
Andromeda Oxford Ltd
11–15 The Vineyard
Abingdon
Oxfordshire OX14 3PX
England

Vorbereitung: Lionheart Books

Der Titel der Originalausgabe lautet:
The Middle Ages:
Cultural Atlas For Young People

2. Auflage 1992

Einbandgestaltung: Karl Müller-Bussdorf
Titelillustration: Marlies Scharff-Kniemeyer
Titelfoto: Bavaria, Hiroshi Higuchi
(Burg Eltz in der Eifel)
Lektorat: Stefan Wendel
Gesamtherstellung: Rotolitho, Italien

ISBN 3-401-04348-X

Bildnachweis

Alle Karten von Lovell Johns, Oxford.

Abkürzungen: o = oben, ol = oben links, or = oben rechts, m = Mitte, u = unten usw.
BM = British Museum, London; CF = Chris Forsey; KM = Kevin Maddison.

Titelseite: Alan Hutchison Library. 5 Dominique Martinez. 6–7 M. Smythe. 10–11 Bridgeman Art Library. 14l KM. 14r BM. 16 Equinox Picture Archive, Oxford. 17 Scala, Florenz. 18 KM. 18 BM. 19 Scala, Florenz. 20o Service de Documentation, Paris. 20ul Equinox Picture Archive, Oxford. 20ur Leonard von Matt, Buochs. 21 Pierpont Morgan Library, New York. 22o Michael Holford. 22ml Norfolk Museums Service. 22–23 KM. 24 University Museum of National Antiquities, Oslo. 25 KM. 27l Bodleian Library, Oxford. 27r British Library, London. 28 Michael Holford, Loughton. 30 KM. 30–31 Michael Holford, Loughton. 32 KM. 33o Bodleian Library, Oxford. 33u Aerofilms. 34o A.F. Kersting, London. 34u KM. 36o Universitätsbibliothek Jena. 36u KM. 38ul Sonia Halliday, Weston Turville. 38ur Master and Fellows of Trinity College, Cambridge. 38–39 KM. 39o CF. 39ul CF. 39ur Mike Corbishley. 40o Michel Vuillemin, Troyes. 40u Robert Harding Picture Library Ltd. 41 Bodleian Library, Oxford. 42ul Dick Barnard, Milverton. 42ur KM. 42–43 Dick Barnard, Milverton. 44, 45 Sonia Halliday, Weston Turville. 46o Historik Museum, Bergen. 46u Michael Dixon, Dover. 47o Master and Fellows of Magdalene College, Cambridge. 47ul Kunsthistorisches Museum, Wien. 47ur Christopher Page, Oxford. 48o Ronald Sheridan. 48u History of Science Museum, Oxford. 49ol Österreichische Nationalbibliothek, Wien. 49or British Library, London. 49ul Mary Evans Picture Library, London. 49ur Bibliothèque Nationale, Paris. 50–51 Bridgeman Art Library. 52o Michael Holford, Loughton. 52u Victoria and Albert Museum, London. 52–53 Bibliothèque Nationale, Paris. 53o Graham Speake, Oxford. 54o Bodleian Library, Oxford. 54u, 58 Bibliothèque Nationale, Paris. 58–59 KM. 60 Biblioteca Apostolica Vaticana. 62o Robert Harding Associates. London. 62ul, 62ur Michael Dixon, Dover. 63mr Leonard von Matt, Buochs. 63ul Michael Holford, Loughton. 65l Franco Ragazzi, Bologna. 65r British Library, London. 66o Edwin Smith, Saffron Walden. 68u Robert Harding Picture Library, London. 68o Alan Hutchison Library, London. 68m Dick Barnard, Milverton. 68u Zefa, London. 69 CF. 70o Biblioteca Apostolica Vaticana. 70ul, ur Bibliothèque Nationale, Paris. 71 Musée Condé, Chantilly. 72 Michael Holford, Loughton. 73 Sonia Halliday, Weston Turville. 74l Universitätsbibliothek Gent. 74r Public Record Office, London. 75 KM. 76or Andrew Lawson, Oxford. 76mr Leonard von Matt, Buochs. 76ul Graham Speake, Oxford. 77 John Fuller, Cambridge. 78o Zefa, London. 78m Dorian Gerhold, London. 78u Dr. L. Beckel, Bad Ischl, Österreich. 80 Fairford, Gloucestershire, Großbritannien. 80–81 KM. 81o, u Sonia Halliday, Weston Turville. 82o Michael Dixon, Dover. 82u Ekdotike Athenon, S. A., Athen. 84ul Giraudon, Paris. 84ur Tretyakov-Galerie, Moskau. 86–87 KM. 88, 90 Werner Forman Archive. 91 KM.

Das Zitat aus den *Canterbury-Erzählungen* auf S. 52 wurde der folgenden Ausgabe entnommen: Geoffrey Chaucer: Die Canterbury Tales. Übertragen und mit Erläuterungen und einer Einführung von M. Lehnert. München-Zürich (Winkler) 1985.

INHALTSVERZEICHNIS

EINLEITUNG

Dieses Buch handelt von den europäischen Völkern im Mittelalter. Was bedeutet »Mittelalter«? Das Wort kommt von dem lateinischen Begriff »medium aevum« und beschreibt die Zeitspanne zwischen Altertum und Neuzeit, also vom Ende der römischen Zeit in Westeuropa um 350 n.Chr. bis zur Entdeckung der Neuen Welt durch die Europäer im späten 15. Jh.

Hier wirst du allerhand über die europäischen »Völker« im Mittelalter erfahren. Unser Buch umfaßt mehr als tausend Jahre ihrer Geschichte. Einige dieser Völker waren zwar recht klein, beeinflußten jedoch nachhaltig den Lauf der Geschichte. Die Wikinger z.B. segelten nicht mit großen Heeren von ihren heimatlichen Küsten in Skandinavien ab, hinterließen aber mit ihren Städten und Siedlungen in Nordeuropa und über Island und Grönland hinaus bis Nordamerika deutliche Spuren.

Die Grenzen der verschiedenen Gebiete verschoben sich oft, da einige Völker auf der Suche nach neuem Land waren — sei es zur Gewinnung neuen Lebensraumes oder einfach zur Ausdehnung ihrer Macht. In diesem Buch wirst du — auch mit Hilfe von Landkarten — wenigstens einen Teil der Geschichte jedes »Landes« im mittelalterlichen Europa verfolgen können. Einige dieser Länder wurden zu rivalisierenden »Weltmächten«, wie wir heute sagen würden. So bekriegten sich die Christen mit den Muslimen, den Mohammedanern bzw. den Angehörigen der islamischen Religion. Vielleicht hast du schon von den Kreuzzügen zur Rückeroberung des Heiligen Landes (Palästina) gehört, aber es fanden auch andere Kämpfe statt. Auch zwischen verschiedenen christlichen Glaubensrichtungen gab es Konflikte.

Woher gewinnen wir unser Wissen über die europäischen Völker im Mittelalter? Wie für alle geschichtlichen Epochen stehen uns zwei Quellen zur Verfügung: schriftliche Zeugnisse und archäologische Funde. Zu letzteren zählen z.B. ein Lederschuh, der in einem Brunnen gefunden wurde, oder auch eine gewaltige Kathedrale. Aus Texten und anderen zurückgelassenen Spuren, die noch heute von der Vergangenheit zeugen, setzen wir wie Detektive unser Bild vom Mittelalter zusammen.

Unser Buch besteht aus zwei Hauptteilen: Der erste — **Eine Geschichte Europas im Mittelalter** — erzählt von der Entwicklung der wichtigsten Reiche, die damals die Grenzen bestimmten; der zweite Teil — **Die Länder Europas im Mittelalter** — ermöglicht einen näheren Zugang zur Geschichte der einzelnen Länder, wie wir sie heute kennen.

In unserem »Buch vom europäischen Mittelalter« spielen Landkarten, an denen die geschichtliche Entwicklung Europas ablesbar ist, eine große Rolle. Vergleiche immer wieder mit der Karte des heutigen Europa (Seite 8—9) — und du siehst sogleich die Veränderungen: Die Vergangenheit ist wie ein fremdes Land, das es zu entdecken gilt!

In beiden Teilen des Buches findest du Beschreibungen über das Leben im Mittelalter und seine Spuren. Unser Buch besteht aus in sich geschlossenen Kapiteln mit Text und Bildern auf je einer Doppelseite. Du kannst es also entweder von vorn bis hinten durchlesen oder einfach mit irgendeinem Kapitel beginnen, wenn dich ein bestimmtes Thema besonders interessiert. Die **Worterklärungen** auf Seite 92 enthalten eine Auflistung wichtiger historischer Fachbegriffe, die in diesem Buch verwendet werden.

Abkürzungen:
ca.: circa; cm: Zentimeter; hl.: heilig; Hl.: Heiliger; Jh.: Jahrhundert; km: Kilometer; m: Meter; n.Chr.: nach Christi Geburt; S.: Seite; sog.: sogenannt; u.a.: unter anderem; v.Chr.: vor Christi Geburt; z.B.: zum Beispiel.

▶ Cordes (Südfrankreich), gegründet 1222.

ZEITTAFEL

	300	400	500	600	700	800
KUNST UND ARCHITEKTUR		Christliche Kirchen erbaut in Rom, Jerusalem, Konstantinopel	532-37 Hagia Sophia, Konstantinopel ca. 500 Mosaiken von Ravenna	ca. 650 Sutton-Hoo-Bootgrab ca. 698 *Evangelien von Lindisfarne*	735-804 Alkuin, Gelehrter	ca. 870 *Codex aureus*, illustrierte Handschrift
		Diokletian und Maximian, ca. 300		Hagia Sophia, Konstantinopel, 532–37	 Kaiser Karl der Große, gekrönt 800	
CHRISTLICHE KIRCHE	313 Mailänder Edikt: Toleranz gegen Christen	430 Tod von Augustinus in Hippo Regius 451 Konzil von Chalkedon	526 Tod des hl. Benedikt 560 Irische Missionen zum Kontinent 590-604 Papst Gregor I.			817 Klosterreformen des Benedikt von Aniane 860 Cyrillus und Methodius nach Moravia gesandt
RÖMISCHES REICH	395 Teilung des Reiches		533 Wiedereingliederung Afrikas in das Römische Reich	610-41 Kaiser Heraklios	716-17 Muslime belagern Konstantinopel 717-41 Kaiser Leo III. 726-843 Ikonoklasmus	867-86 Basileios I., 1. Kaiser der makedonischen Dynastie
ISLAM				622 Mohammed geht nach Medina 661-80 Muawija, 1. Kalif der Omaijaden in Damaskus	762 Gründung Bagdads als Hauptstadt der Abbasiden	909 Gründung des Kalifats der Fatimiden in Nordafrika
SPANIEN		409 Einfall der Vandalen, Alanen und Sueven in Spanien	509 Niederlage der Westgoten in Vouillé, Rückzug nach Spanien		711 Muslime fallen in Spanien ein	ca. 860 Großangriff der Wikinger auf Spanien
FRANKREICH		486 Chlodwig besiegt Syagrius	ca. 507 Chlodwigs Bekehrung zum Katholizismus	687 Pippin von Austrasien besiegt Neustrien bei Tertry	732 Karl Martell besiegt Sarazenen bei Poitiers 751 Pippin III. wird König der Franken	888 Odo, Graf von Paris, wird König
ITALIEN		476 Odoaker König von Italien	536 Belisar gewinnt Rom zurück 568 Einfall der Langobarden in Italien	668 Konstans II. in Syrakus ermordet	774 Karl der Große wird König von Italien	
DEUTSCHLAND		406 Germanen überqueren den Rhein			772-804 Sächsische Kriege	800 Karl der Große zum Kaiser gekrönt 843 Vertrag von Verdun: Teilung des Reiches
OSTEUROPA	341 Ulfila beginnt die Bekehrung der Goten 376 Goten überqueren die Donau		Slaven dringen erstmals zum Balkan vor			864 Bekehrung der Bulgaren
GROSS-BRITANNIEN UND IRLAND			563 hl. Columban auf Iona 597 römischer Einsatz in England	664 Synode von Whitby	Vorherrschaft Merciens 731 Beda beendet die *Historia ecclesiastica* 793 1. Wikingereinfall	836 Dänen in Dublin 899 Tod von Alfred, Wessex-Könige von England
SKANDINAVIEN						860 Dänen in Island

900	1000	1100	1200	1300	1400	1500
ca. 985 *Beowulf*	ca. 1063 San Marco, Venedig	1194-1220 Bau der Kathedrale von Chartres	ca. 1225-74 Thomas von Aquin 1265-1321 Dante 1266-1337 Giotto	1304-74 Petrarca 1345-1400 Chaucer 1377-1446 Brunelleschi 1386-1466 Donatello ca. 1390-1441 van Eyck	ca. 1400-74 Dufay 1452-1519 Leonardo da Vinci 1471-1528 Dürer	
 Wikingerschiff, Oseberg, 9. Jh.	 Tower von London, ca. 1080		Skulpturen der Kathedrale von Chartres, 1134-50	 Palazzo Pubblico, Siena, 1297-1376	 *David* von Donatello, 1430	
911 Gründung des Klosters von Cluny	1046 Synode von Sutri - Beginn der Reformen in der römischen Kirche	1115 Gründung von Clairvaux 1179 3. Laterankonzil	1209 Gründung des Franziskanerordens 1215 erste Statuten der Universität Paris	ca. 1309-77 Sitz der Päpste in Avignon 1378 Beginn des Schismas	1415-17 Konzil von Konstanz	
963-69 Kaiser Nikephoros Phokas	1018 Niederlage der Bulgaren 1071 Schlacht von Mantzikert	1176 Manuel I. vom Seldschuken Myriokephalon besiegt	1204 4. Kreuzzug: Einnahme von Konstantinopel 1261 Wiederherstellung des Reiches		1453 Einnahme von Konstantinopel	
	1055 Einnahme Bagdads durch Seldschuken 1071 Seldschuken besetzen Kleinasien 1095 1. Kreuzzug	1171 Saladin erobert das Fatimidenreich Ägypten 1187 Saladin erobert Jerusalem zurück	1218-21 5. Kreuzzug 1250-1517 Mamelucken-Dynastie in Ägypten 1291 letzte Kreuzfahrerstaaten von Mamelucken eingenommen	1326 Osmanen nehmen Bursa ein 1389 Osmanen besiegen Serben bei Kosovo	1402 Tod Timur Lengs 1453 Muslime nehmen Konstantinopel ein	
929 Kalifat der Omaijaden in Spanien	1031 Ende des Kalifats von Cordoba 1085 Christen nehmen Toledo ein	1137 Graf von Barcelona wird König von Aragonien 1147 Lissabon von Muslimen eingenommen	1235-48 Cordoba und Sevilla von Katholiken erobert	1369 Trastamara-Dynastie in Kastilien	1479 Ferdinand V. von Aragonien heiratet Isabella von Kastilien 1492 Entdeckung der »Neuen Welt« 1498 Vasco da Gama in Indien	
911 Rollo in der Normandie eingesetzt 987 Hugo, 1. Kapetinger-König der Franken			1204 Philipp II. erobert Teile Frankreichs 1210-29 Albigenserkriege 1226-70 Ludwig IX. 1284 Krieg zwischen England u. Frankreich	1337 Kriegsbeginn zwischen Philipp VI. von Valois und Edward III.	1431 Jeanne d'Arc hingerichtet 1477 Tod von Karl dem Kühnen, letzter Herzog der Valois in Burgund	
962 Otto I. zum Kaiser gekrönt	1030 Normannen in Aversa	1130-54 Roger II. König von Sizilien	1212-50 Friedrich II. Kaiser und König von Sizilien 1252 in Florenz erste Prägung von Florins	1347 Pest von der Krim nach Genua 1385 Giangaleazzo vereinigt die Ländereien der Visconti	1434 Cosimo de Medici kehrt nach Florenz zurück 1454 Friede von Lodi	
955 Otto I. besiegt die Magyaren auf dem Lechfeld		1122 Wormser Konkordat 1159-77 Streit zwischen Kaiser und Papst	1273 Rudolf von Habsburg zum König von Rom ernannt 1291 1. Schweizer Bund	1338 Erklärung von Rhense 1348 Universität Prag gegründet	1419-36 Hussitenkriege	
966 Gründung Polens 989 Wladimir von Kiew wird Christ	1000 Otto III. gründet Erzbistum Gnesen 1001 Errichtung des Königreichs Ungarn		1241 Mongolen besiegen Christen bei Liegnitz	1320 Wiedervereinigung des Königreichs Polen 1386 Vereinigung Polens mit Litauen	1478 Iwan III. nimmt Nowgorod ein	
973 erste dokumentierte Krönung eines englischen Königs	1017 Knut wird König von England 1066 Eroberung Englands durch die Normannen 1086 *Domesday Book*	1154 Heinrich II. erster angevinischer König von England	1215 *Magna Carta* 1284 englischer König herrscht über Wales 1296 Krieg mit Schottland	1381 Bauernaufstand	1483 Heinrich Tudor zum König ernannt	
995-ca. 1000 Olaf I. König von Norwegen		1104 Gründung des Erzbistums Lund		1397 Norwegen, Schweden und Dänemark vereinigt		

EUROPA

Was stellst du dir unter dem Begriff »Europa« vor? Dies hängt wohl auch davon ab, wo man lebt: in Europa selbst oder auf einem anderen der sechs Kontinente – jener großen Landmassen, die unsere Welt bilden. Ob Heimat oder nur Ferienziel – Europa ist in jedem Fall ein Ort der Begegnung mit den großen Denkmälern der Vergangenheit.

Europa heute

Europa läßt sich aus ganz verschiedenen Blickwinkeln bestimmen. Einmal als Europäische Gemeinschaft (EG), von sechs Ländern 1958 gegründet: Belgien, Frankreich, Bundesrepublik Deutschland, Italien, Luxemburg und die Niederlande. Heute gehören zwölf Länder zur EG.

Europa läßt sich aber auch definieren als die Gesamtheit der west- und osteuropäischen Länder (westlich bis Irland und Portugal, östlich bis zur Sowjetunion und Griechenland).

Europa und seine natürlichen Grenzen

Auch von seinen natürlichen Grenzen her läßt sich Europa umreißen, besonders von jenen zwischen den Kontinenten Asien und Europa. Sie sind durch die Gebirgsketten des Kaukasus (zwischen Schwarzem und Kaspischem Meer) und des Urals (in der Sowjetunion) gebildet – beide nach Osten hin nicht mehr auf unserer Karte.

Europa im Mittelalter

Für das Mittelalter müssen wir uns in diesem Buch auf einen anderen Europa-Begriff beziehen, zunächst auf den des Römischen Reiches. Es kommen weitere Gebiete und Länder hinzu, je nach Zeitpunkt im Mittelalter. Ein Römer hätte auf die Frage: »Was ist eigentlich Europa?« nicht antworten können. Ein gebildeter Mensch des mittelalterlichen Europa allerdings hätte eine Antwort darauf gewußt.

▶ Diese Karte zeigt die Grenzen des heutigen, in diesem Buch beschriebenen Europa. Sie unterscheiden sich deutlich von jenen des Mittelalters. Wesentlich sind die natürlichen Grenzen; denn Gebirgszüge, Meere, Wüsten und Flüsse bestimmen weitgehend, wo die Menschen leben und wohin sie ziehen können.

C
D
E
F
G
4
3
2
1
NORWEGEN
FINNLAND
Helsinki
Ladogasee
Oslo
Tallinn
Stockholm
ESTLAND
Peipussee
Rubinsker Stausee
Wolga
Oka
Moskau
Väner-see
Vätter-see
SCHWEDEN
Riga
LETTLAND
Gotland
LITAUEN
Düna
Dnjepr
MITTEL-RUSSISCHE TAFEL
DÄNEMARK
Ostsee
Kopenhagen
Vilnius
Bornholm
Memel
UdSSR
NORDEUROPÄISCHE TIEFEBENE
GEMEINSCHAFT UNABHÄNGIGER STAATEN (GUS)
(ehemalige Sowjetunion)
Pripjet-Sümpfe
Pripjet
Don
Elbe
Weser
Weichsel
Berlin
Warschau
Oder
POLEN
BUNDESREPUBLIK DEUTSCHLAND
Dnjepr
Don
Prag
Rhein
TSCHECHOSLOWAKEI
Dniestr
KARPATEN
Pruth
CHWARZ-WALD
Donau
Wien
Asowsches Meer
Bodensee
Theiß
Budapest
ÖSTERREICH
Plattensee
LIECHTENSTEIN
RUMÄNIEN
CHWEIZ
LPEN
Drau
UNGARN
DOLOMITEN
SÜDKARPATEN
Schwarzes Meer
Bukarest
Po
DINARISCHE ALPEN
Belgrad
JUGOSLAWIEN
Donau
SAN MARINO
BULGARIEN
BALKAN
PONTISCHES GEBIRGE
Drina
Sofia
APENNINEN
Musala 2925
Tiber
Adriatisches Meer
Korsika
Rom
Axios
Ankara
Tirana
ITALIEN
ALBANIEN
Kizilirmak
Olymp 2917
Tuzsee
Sardinien
Demirkazik 3910
TÜRKEI
PINDOS
Ägäisches Meer
Beysehirsee
Tyrrhenisches Meer
Ionisches Meer
GRIECHEN-LAND
Menderes
TAURUS
Athen
SYRIEN
Sizilien
Ätna 3323
Rhodos
ZYPERN
Nikosia
Tunis
LIBANON
Beirut
TUNESIEN
MALTA
Kreta
Mittelmeer
ISRAEL

TEIL 1

EINE GESCHICHTE EUROPAS IM MITTELALTER

▲ Ein Buchdeckel aus Elfenbein (10. Jh.) mit Papst Gregor dem Großen am Schreibpult.

▶ Ausschnitt aus der frühmittelalterlichen illuminierten Handschrift der *Evangelien von Lindisfarne.* Lindisfarne, eine englische Nordseeinsel, war mehr als 200 Jahre lang Zentrum des englischen Christentums.

um secundum mattheu

Europa 350-1500

◀ Europa um 350. Über Jahrhunderte dehnten die Römer ihr Reich immer weiter aus, dessen Bevölkerung sich bis auf 60 Millionen belief. Teile dieses großen Reiches, vor allem die Randprovinzen, leisteten erbitterten Widerstand. Ein so riesiges Reich, wie war es zu regieren? Von Diokletian (Römischer Kaiser seit 284) wurde es in zwei Reichshälften geteilt: Er selbst residierte im Osten und überließ Maximian die Regierung im Westen. Das Gesamtreich teilte er zur besseren Organisation und Kontrolle in zwölf Provinzen, wie sie auf der Karte eingezeichnet sind. Nach dem Tod von Kaiser Theodosius (395) wurde das Reich im Osten und Westen getrennt regiert.

◀ Europa um 800. Das Westreich brach zusammen, es wurden mehrere »Barbaren«-Reiche gegründet. Die Römer bezeichneten alle nicht Latein sprechenden und außerhalb ihrer Grenzen und Kultur lebenden Menschen schlichtweg als *barbari* – daher unser Wort »Barbaren«. Das Oströmische (Byzantinische) Reich hatte Konstantinopel als Residenz und umfaßte den Osten mit Süditalien und Sardinien. Andere Teile des alten Reiches standen unter dem Einfluß der Franken und Muslime, den Anhängern des Islams, die Nordafrika und das Mittelmeer beherrschten. Unter Karl dem Großen, der Christ war, versuchte das Fränkische Reich die römischen Traditionen wieder aufleben zu lassen. Aber auch die Franken waren für die Römer Barbaren.

▶ Europa um 1150. Im 12. Jh. wurden die von den Muslimen besetzten Provinzen des Oströmischen Reiches zurückerobert. Die christlichen Kreuzritter aus dem Westen errichteten, bedroht durch die Muslime, Kreuzfahrerstaaten im Heiligen Land. Im Westen hatten die Christen Teile von Südspanien und Italien zurückerobert. Das von den Franken geschaffene Heilige Römische (oder: Deutsche) Reich hatte sich in Deutschland und Italien gefestigt und in die slawischen Gebiete nach Osten auszudehnen begonnen. Es sah so aus, als würde ein neues christliches Reich ein genauso großes Gebiet im Mittelmeerraum kontrollieren, wie es die Römer einmal erobert hatten.

▶ Europa um 1500. Um diese Zeit ergaben sich einschneidende Veränderungen in Europa. Jede Hoffnung, im Gesamt-Mittelmeerraum ein christliches Reich zu errichten, wurde durch den Aufstieg des neuen Osmanischen Reiches zunichte gemacht. Die osmanischen Türken überrannten das Oströmische Reich und nahmen 1453 Konstantinopel ein. Das Ostreich konnte nicht länger christlich genannt werden. Das Heilige Land, zuvor von den westlichen Christen gehalten, kam in die Hände der Muslime. Im Westen zeichnete sich eine ganz andere Entwicklung ab: Es entstanden mehrere kleine Königreiche, und mächtige Herrscher stritten sich um die Besitzrechte. So kam es zu Herrschaftsgebieten mit oft ganz unterschiedlichen Völkern.

DIE VÖLKERWANDERUNG

»Das Heer der Westgoten unter Athaulf zog gegen Gallien ... Die Römer konnten Britannien nicht mehr zurückerobern – von jetzt ab wurde es weiterregiert von jedem, der die Macht an sich riß.«

Dies war im Jahr 411; der Verfasser ist Procopius, ein um 500 geborener Beamter in der Verwaltung, der u.a. die Kriegsgeschichte des Römischen Kaisers Justinian schrieb. Wir haben schon gehört, daß die Römer in ihrem großen Reich von »Barbaren«-Völkern bedrängt wurden. Nicht alle diese Feinde waren jedoch ungebildet und kriegerisch. Oft wollten sie nur selbst über ihr Land herrschen und von Rom abfallen.

Vom Nordwesten

Von den Gebieten nördlich des Rheins drangen die Volksstämme der Sachsen, Angeln und Jüten im Süden Britanniens ein. Zunächst ließen sie sich im östlichen Landesteil neben den römisch-britischen Siedlungen nieder. Wie viele andere Barbarenstämme auch, waren einige als Söldner verpflichtet. In Britannien war noch keine Ruhe eingekehrt, und viele Menschen flohen in andere Landesteile. Von ihnen sind vergrabene Schätze gefunden worden.

▼ Aufgrund der unsicheren Verhältnisse im Osten Britanniens versteckten viele Menschen ihre Kostbarkeiten. Das Bild unten zeigt, wie der »Schatz von Thetford« (4. Jh.) vergraben wurde. Die Gold- und Silbergegenstände gehörten vermutlich einem Kaufmann aus Thetford (England). Der Schatz wurde 1979 zufällig entdeckt und befindet sich jetzt im Britischen Museum in London.

Terror aus dem Osten

»Ein Bericht besagt, daß die Goten wie ein Wirbelwind plötzlich von den Bergen herabstürzten und alles, was ihren Weg kreuzte, zerstörten und verwüsteten.«

Ammianus Marcellinus, ein Geschichtsschreiber des 4. Jh., berichtet in seinem Werk von der Angst der Römer vor den Eindringlingen. Die Goten, in West- und Ostgoten geteilt, kamen aus den russischen Steppen. Römische Kaiser hielten einige dieser Horden ihrem Reich durch Bezahlung fern oder bewegten andere, weiter nach Westen zu ziehen (nach Italien und Gallien). Trotzdem konnten sie nicht aufgehalten werden und eroberten riesige Gebiete, die zuvor in römischer Hand waren. 410 wurde Rom von den Westgoten geplündert.

▲ Der Bogen am Scharnier dieser goldenen Schnalle aus dem »Schatz von Thetford« besteht aus zwei gegenläufig angeordneten Pferdeköpfen. Die hervorragende Verarbeitung und der Stil der Figur lassen darauf schließen, daß sie aus dem späten 4. Jahrhundert stammt und auf dem Kontinent angefertigt wurde.

▲ Die Völkerwanderungen im 4. und 5. Jh. inner- und außerhalb des Römischen Reiches hatten verschiedene Gründe. Teils suchten die Volksstämme neue Siedlungsgebiete, teils hatten sie auch Spaß am Kriegführen.

Sachsen und andere Volksstämme

Mitte des 5. Jh.: Sachsen, Angeln und Jüten siedeln sich fest in Britannien an.
410: Der Westgotenführer Alarich nimmt Rom ein.
493: Ravenna fällt in die Hand des Ostgotenkönigs Theoderich; er fällt im gemeinsamen Kampf mit den Römern gegen die Hunnen.
Weströmisches Reich: 414 nehmen die Westgoten Narbonne ein. 415 verlassen sie die Stadt wieder.
436: Die Hunnen besiegen die Burgunder bei Worms.
451: Der Hunne Attila wird vom römischen General Aetius mit Unterstützung von barbarischen Truppen auf den Katalaunischen Feldern geschlagen. **486:** Die Franken nehmen Gebiete im Weströmischen Reich ein.
Oströmisches Reich: 382 gestattet Kaiser Theodosius den Westgoten die Übersiedlung in das nördliche Randgebiet des Reiches. **468** unterliegt Kaiser Leo bei seinem Feldzug gegen die Vandalen.

Die Barbaren waren auch Menschen ...

Die Barbaren waren besser als ihr Ruf. Ihre Lebensweise war gewiß nicht die der Römer, sie hinterließen auch kaum schriftliche Lebenszeugnisse. Aber die Goten waren Christen, und ihre kunstfertigen Gold- und Silberschmiede schufen prachtvolle Kronen und Kreuze sowie wundervolle Bucheinbände. Auf ihren Schmuck legten sie großen Wert.

DAS REICH KAISER JUSTINIANS

Gegen Ende des 5. Jahrhunderts wurde das Oströmische Reich immer noch von Kaisern beherrscht. Anders das Westreich: Dort beriefen meist Heerführer die Kaiser in ihr Amt. 476 entschied sich jedoch Odoaker, ein König mehrerer in Italien siedelnder Germanenstämme, Kaiser Romulus Augustulus abzusetzen.

Rückeroberung des Westens

Bis zur Herrschaft Kaiser Justinians im Osten konnte das Westreich nicht wieder unter die Kontrolle Roms gebracht werden. Justinian kam 527 an die Macht und ging bald in Nordafrika gegen die Barbaren vor, die das Reich erobert hatten. Im frühen 5. Jahrhundert waren die aus Zentraleuropa kommenden Vandalen westwärts über Spanien bis Afrika vorgedrungen. Die Vandalen hatten dort zwar ein mächtiges Königreich errichtet, Justinian konnte jedoch 533 Nordafrika in wenigen Monaten zurückerobern.

Die Feldherren Belisar und Narses

Die beiden Feldherren Justinians griffen Italien aus verschiedenen Richtungen an. Belisar besetzte zuerst Sizilien, Sardinien und Korsika, zog dann zum italienischen Festland und eroberte 536 schließlich Rom. Nach einem Jahrhundert war Rom nun befreit von der Angst, die die Vandalenherrschaft über den Mittelmeerraum mit sich gebracht hatte.

Narses nahm den Landweg, um 540 Ravenna zu belagern – die offizielle Residenz der barbarischen Herrscher über Italien. Hier regierte u.a. auch der Ostgote Theoderich. Nach einigem Widerstand konnten die römischen Streitkräfte 552 die Stadt endgültig erobern. Als Statthalter Kaiser Justinians herrschte Narses nun von Ravenna aus im Westen, zu dem auch ein kleiner Teil Spaniens zählte.

◀ Dieses Porträt Kaiser Justinians ist ein kleiner Ausschnitt eines großen Mosaikbildes in der Kirche San Vitale (Ravenna, Italien). Mit dem Bau der Kirche wurde ca. 520 unter dem Ostgotenkönig Theoderich begonnen. Die Mosaiken an Wänden und Decken entstanden etwa 550 unter Justinian.

▶ Die Rückeroberungen Justinians. Der Vergleich dieser Karte der Mittelmeerländer mit der auf Seite 15 zeigt, daß der Römer Justinian – zumindest für kurze Zeit – die Herrschaft über den Westen wiederhergestellt hatte. Die Römer konnten jetzt ihren Handel im Mittelmeer wieder aufnehmen.

▲ Teil des Helmes von Agilulf, dem König der Langobarden (590–615). Obwohl die Langobarden erst in der Zeit nach Justinian in Italien einfielen, zeigt die Verzierung den Herrscher (in der Mitte mit Spitzbart) von Kriegern in römischer Rüstung bewacht.

Nach Justinian

Kaiser Justinian starb 565. Die Langobarden fielen 568 in Italien ein, konnten jedoch nicht das ganze Land erobern. Erst im späten 7. Jahrhundert nahmen die Muslime Afrika und danach Spanien ein. Das Oströmische – oder Byzantinische – Reich stand bis 1453 unter kaiserlicher Herrschaft, bis seine Hauptstadt Konstantinopel in die Hände der Osmanen fiel.

Die Ereignisse unter Kaiser Justinian

527: Justinian wird mit seiner Gemahlin Theodora zum Kaiser ernannt.
533: Feldzüge gegen die Barbaren in Afrika und Italien.
535–54: Sieg über die Ostgoten in Italien.
552: Rückeroberung Südspaniens.
Angriffe auf das Reich: Slawen **534, 547, 549, 551.** Bulgaren **534, 538.** Hunnen **539–40, 559.** Der persische Kaiser Chosrau I. unternimmt mehrere Angriffe, Friedensvertrag **561.**
565: Tod Kaiser Justinians.

RAVENNA

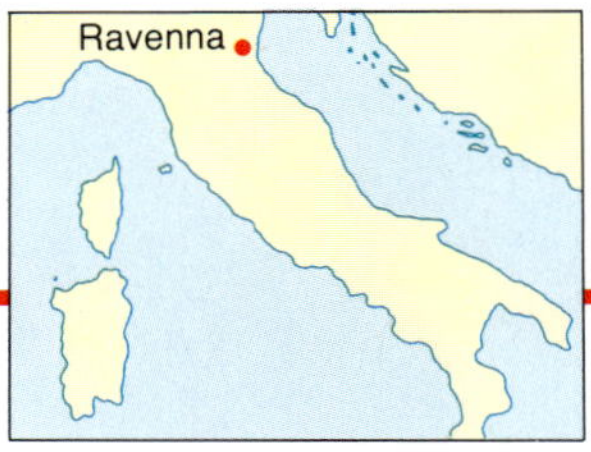

Ravenna, die Hafenstadt im Nordosten Italiens, wurde 23 n.Chr. von Augustus, dem ersten römischen Kaiser, als Stützpunkt für seine Nordflotte ausgebaut. Ab 402 gewann sie als Residenz der weströmischen Kaiser an Bedeutung, da sie wegen ihrer Lage nähere Beziehungen zu den oströmischen Kaisern in Konstantinopel ermöglichte.

Kaiserliche Bauwerke

Entsprechend prachtvoll mußten in Ravenna die Gebäude für den Hof des römischen Kaisers sein. Ein bis heute erhaltenes Bauwerk, das auch späteren Vorhaben als Vorbild diente, war die Kirche Santa Croce (Heiliges Kreuz), erbaut ca. 425 durch Kaiserin Galla Placidia, die Mutter Kaiser Valentinians III.

An der Kirche war ein Mausoleum (Grabmal) angegliedert mit prachtvollen Gewölbemosaiken: ein tiefblauer Himmel, durchleuchtet von goldenen Sternen.

Christliche Eroberer

Ravenna wurde 493 von Theoderich, dem König der Ostgoten, eingenommen. Von hier aus herrschte er mit Hilfe römischer Ratgeber über Italien. Da er von seinem 8.–18. Lebensjahr am kaiserlichen Hof in Konstantinopel gelebt hatte, war er ein gebildeter Mann. In den 30 Jahren seiner Herrschaft ließ er in Ravenna prachtvolle Bauwerke teils neu errichten, teils umbauen, darunter viele christliche Kirchen.

Rückeroberung durch Justinian

Der weströmische Kaiser Justinian vertrieb mit seinen Streitkräften die Goten aus Italien. Nach dem Tod Theoderichs 526 verlor Ravenna jedoch nicht an Bedeutung. Auch Justinian errichtete neue Gebäude und baute andere um, wie überall in seinem Reich.

Das bedeutendste Bauwerk in Ravenna war die Kirche San Vitale, vom ostgotischen Bischof von Ravenna begonnen und von Justinian vollendet. Die offizielle Kirche des kaiserlichen Hofes wurde aus langen, flachen Ziegelsteinen errichtet, mit Marmorsäulen im Innenraum und prachtvollen Mosaikverzierungen im Gewölbe und oben an den Wänden. Ein Mosaik zeigt Justinian und Theodora, wie sie Opfergaben zum Altar bringen.

▶ Diese wunderschöne Mosaikkuppel zeigt die Taufe Jesu im Jordan durch Johannes den Täufer (zur Linken Jesu). Sie entstand in Ravenna im Auftrag König Theoderichs. Über dem Kopf Christi kannst du in der Kuppel ein Kreuz auf einem Kissen sehen. Nur bei Betrachtung aus der Nähe oder mit einer Lupe sind die winzigen Steine zu erkennen, aus denen die Darstellung zusammengesetzt ist.

▼ Mosaiken – Bilder und Muster aus Steinchen – wurden von griechischen wie römischen Künstlern gesetzt. Reiche Römer, vor allem in Süditalien, wie etwa in Pompeji, stellten griechische Künstler an für die Anfertigung wertvoller Fußboden- und Wandbilder. Im Oströmischen Reich wurde diese Tradition fortgesetzt.

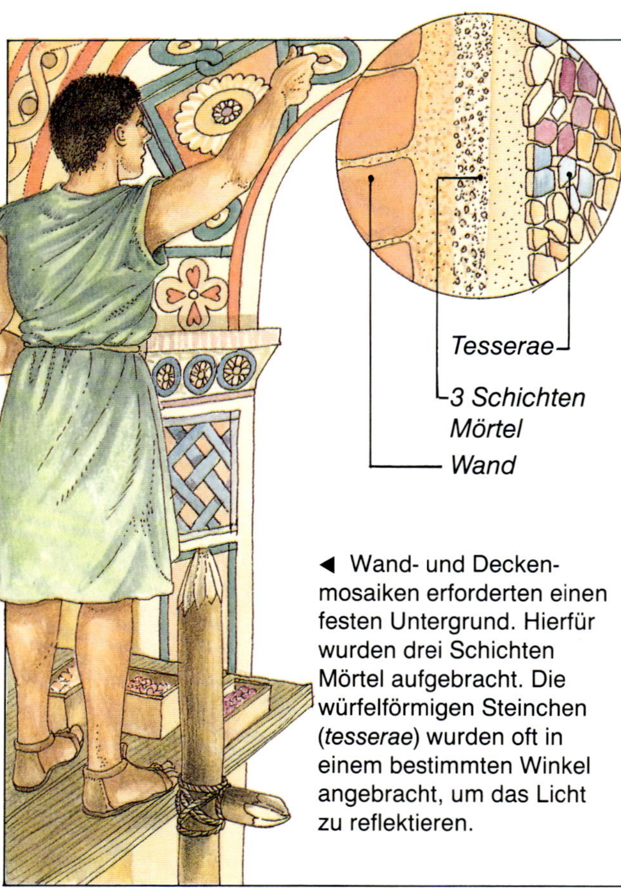

◀ Wand- und Deckenmosaiken erforderten einen festen Untergrund. Hierfür wurden drei Schichten Mörtel aufgebracht. Die würfelförmigen Steinchen (*tesserae*) wurden oft in einem bestimmten Winkel angebracht, um das Licht zu reflektieren.

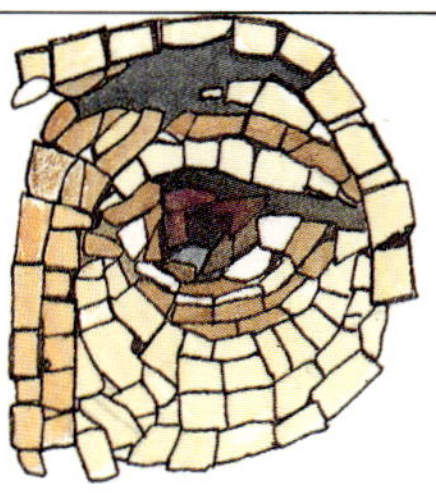

◀ Mosaik mit Kaiserin Theodora in der Kirche San Vitale. Ihre Augen sind aus mehreren Steinchen zusammengesetzt (siehe oben).

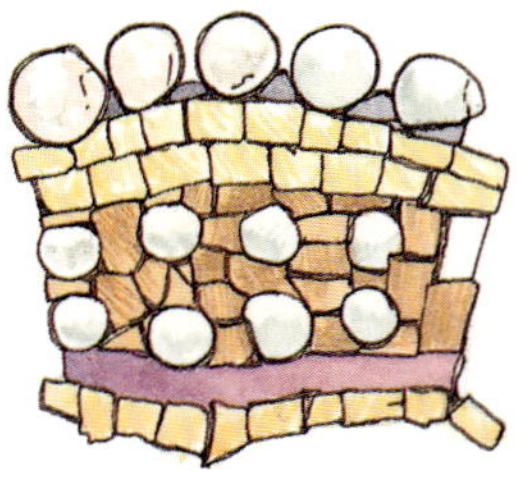

▲ Um die Kopfbedeckung der Kaiserin echt erscheinen zu lassen, verwendete der Künstler Perlmutt.

DAS EUROPA KARLS DES GROSSEN

Westeuropa im 6. Jahrhundert
Als die Ostgoten über Italien und die Westgoten über Spanien herrschten, regierten verschiedene christliche Könige über die von uns heute als Frankreich, Schweiz, Deutschland, Luxemburg, Belgien und Holland bezeichneten Länder. Am mächtigsten waren die Franken; sie siedelten genau am Rand der christlichen Welt und bekämpften die jenseits davon lebenden nichtchristlichen Volksstämme (Friesen und Sachsen). Sie gründeten zahlreiche Klöster.

Das fränkische Königreich Chlodwigs wurde später in drei Reiche geteilt: Austrasien, Neustrien und Burgund. Austrasien (das heutige Deutschland) wurde nicht nur wegen seiner kriegerischen Bevölkerung mächtig. Es kontrollierte auch die Hauptroute zwischen den neugegründeten christlichen Gemeinschaften in England und Rom. Der Weg der Pilger und Mönche nach Italien führte über Austrasien und die Alpen, denn über Südgallien (heute Frankreich) versperrten ihn die muslimischen Sarazenen.

Die Familie der Karolinger
Karl Martell (»Karl der Hammer«) war der erste Karolinger von Einfluß in ganz Europa. Er besiegte 732 die muslimischen Sarazenen bei Poitiers (Westfrankreich) und wurde der mächtigste Herrscher ganz Galliens. Sein Sohn Pippin III. konnte verlorene Gebiete zurückerobern und neues Land dazugewinnen. Als erster der Familie wurde er König aller Franken.

Als er 768 starb, erstreckte sich das Fränkische Reich von der spanischen Grenze bis zu den Niederlanden und im Osten von der britischen Grenze bis Böhmen.

Karl der Große – Carolus Magnus
Pippins Söhne übernahmen sein Reich; als der jüngere 771 starb, wurde der ältere Sohn Karl Alleinherrscher. Auf Latein wurde er »Carolus Magnus«, also Karl der Große, genannt. Der Familienname Karolinger leitet sich her von seinem Namen Carolus. Er regierte 45 Jahre als Kaiser und vergrößerte sein Reich in etwa 60 Feldzügen; die Hälfte davon führte er selbst an. Seine grausamen Kriege gegen die Sachsen zogen sich lang hin.

Am Ende des 8. Jahrhunderts erstreckten sich die Grenzen des Karolingischen Reiches im Norden bis Sachsen, im Süden bis Italien und im Osten bis Bayern. Der Papst im Rom erkannte seine beträchtliche Macht an und krönte ihn zum Kaiser des Westens.

Karl der Große und die antike Welt
Karl der Große hatte in seinem riesigen Reich keine Hauptstadt, in späteren Jahren aber eine Residenz, von der aus er regierte: seinen Palast in Aachen. Er zeigte als Herrscher großes Interesse für Bildung und Kultur. Neben seiner fränkischen Muttersprache beherrschte er Latein, Griechisch verstand er, lernte es aber nie schreiben.

Unter Karl dem Großen wie auch unter späteren Karolinger-Königen wurden Mönche beauftragt, griechische und lateinische Texte der Antike zu studieren und abzuschreiben. Diesen Bestrebungen verdanken wir, daß wir auch heute noch die antiken Klassiker lesen können.

▲ Eine Bronzestatue Karls des Großen aus Metz. Er wurde von Papst Leo III. am Weihnachtstag des Jahres 800 zum Römischen Kaiser gekrönt.

▶ Der Einband der *Evangelien von Lindau* – aus der Zeit Karls des Großen – ist mit Gold, vergoldetem Silber und Email verziert. Die ineinander verschlungenen Tiere sind jedoch früheren Datums.

◀▲ Beeindruckende kirchliche Bauwerke und Gerätschaften belegen den hohen Stellenwert der Religion in dieser Zeit. Links die karolingische Klosterkirche von Corvey in Mitteldeutschland. Oben ein Emailkreuz (heute im Vatikan).

SUTTON HOO

Die Besitzerin einiger großer Hügelgräber in Suffolk (England) wollte 1938 herausfinden, was sich in ihnen befinde. Sie fragte daher beim dortigen Museum nach einem Fachmann für die Ausgrabung. Im folgenden Jahr kam einer der erstaunlichsten archäologischen Funde des Jahrhunderts zutage.

Die Bestattung eines Königs

Im größten Hügelgrab fand man die Abdrücke eines 27 Meter langen Holzbootes. Der Rumpf war zwar längst vermodert, erhalten sind jedoch noch viele schöne und kostbare Grabbeigaben. Die Archäologen vermuten, es handelt sich um das Grab des Ostangeln-Königs Raedwald (gestorben ca. 625), der auch Bretwalda oder »Hoher König Britanniens« genannt wurde. Die Funde deuten auf ein heidnisches, also nichtchristliches Begräbnis hin, wobei Raedwald jedoch mit einigen christlichen Grabbeigaben bestattet wurde – möglicherweise war er also zum Christentum bekehrt.

▲ Der Helm des Königs wurde von Fachleuten des Britischen Museums nachgebildet. Er besitzt zwei Zierstücke: einen Drachen über dem Scheitel und einen Vogel quer über der Gesichtsmaske. Schwert und Schild ähneln schwedischen Funden. Andere Gegenstände zeigen, wie weit die Menschen schon zu jener Zeit reisten – auch Silberschalen aus Konstantinopel fanden sich unter den Grabbeigaben dieses englischen Königs!

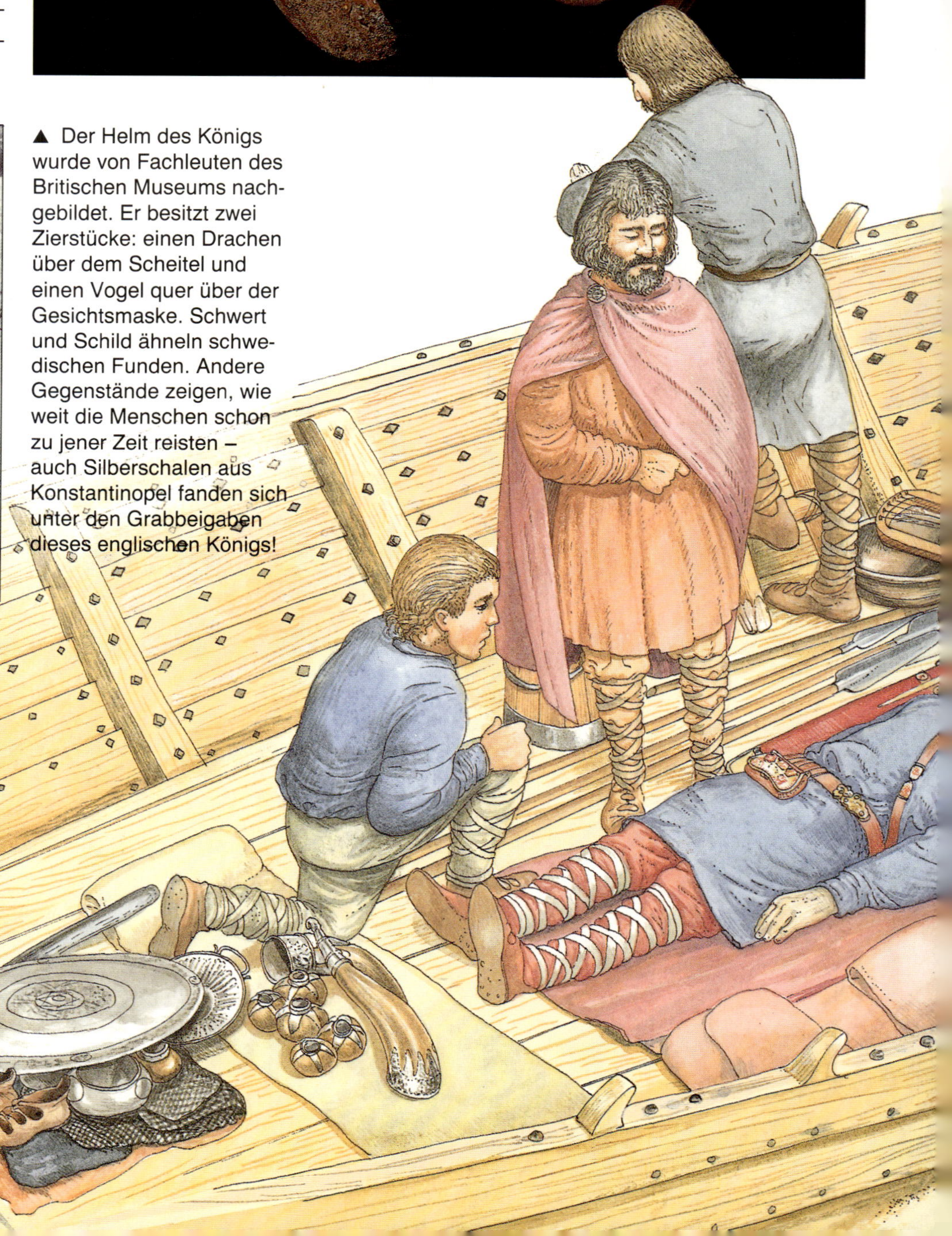

▲▶ Der König wurde für seine Reise ins Jenseits in ein hochseetüchtiges Schiff gelegt. Mitgegeben wurden ihm ein Umhang und Lederschuhe, Speere und andere Waffen sowie z.B. eine Lyra (eine kleine Harfe) und ein großer bronzener Kessel.

DIE EXPANSION DER WIKINGER

»Die Heiden vernichteten, plünderten und verwüsteten die Kirche Gottes auf Lindisfarne.«

Die Wikinger (die oben erwähnten »Heiden«) waren Seeräuber – Piraten. Das Zitat stammt aus der *Angelsächsischen Chronik*, einer im 9. Jahrhundert verfaßten Geschichte Englands. Der Vorfall oben ist für 793 belegt. Viele hatten allen Grund zur Furcht vor den »reißenden Wölfen«, als sie auf Kriegsschiffen in ihrer skandinavischen Heimat in See stachen.

Die Wikinger zu Hause

Eigentlich bezeichnet man mit den Wikingern verschiedene Volksstämme. Sie lebten im heutigen Norwegen, Schweden und Dänemark. Man stempelt sie gern zu kriegslüsternen Banditen ab und übersieht dabei, daß unter ihnen auch Bauern, erfolgreiche Händler und Städtebauer waren. Ihre Kunsthandwerker stellten wunderbare Gegenstände her.

Auf der Suche nach neuem Land

Viele Wikinger verließen ihre Heimat auf der Suche nach neuem Lebensraum, den sie bewirtschaften konnten (z.B. Island). Bei anderen Unternehmungen stand allerdings das Plündern an erster Stelle. Seit dem Anfang des 8. Jahrhunderts begannen die norwegischen Wikinger, die Inseln vor der Nordküste Schottlands zu besiedeln. Von hier aus zogen sie die britische Westküste hinunter, um nach Irland überzusetzen.

Die dänischen Wikinger plünderten Lindisfarne an der britischen Nordostküste und später Südostengland. Die schwedischen Wikinger zogen über die Ostsee nach Osteuropa, dann vermutlich auf dem Flußweg weiter und fielen 860 in Konstantinopel ein.

Auch auf ihren Kriegszügen übten die Wikinger Handel aus und bauten im 9. Jahrhundert über die Ostsee ein großes Handelsnetz auf, das Europa vom einen zum anderen Ende verband.

Plünderung, Sklaven und Handel

Als Räuber erbeuteten und sammelten die Wikinger alle möglichen Waren, sie suchten jedoch auch Sklaven bzw. Leibeigene. Und manche der von ihnen angegriffenen Völker wurden gezwungen, diese mit Gold zu kaufen. Wichtig war auch der Handel. Ein Wikingerfürst z.B. zwang 907 Konstantinopel zu einem Handelsvertrag. Sie tauschten Sklaven, Holz, Felle und Honig gegen Gold, Silber und Luxusartikel.

▲ Rekonstruktion eines Schiffes aus dem Hügelgrab eines Königs bei Oseberg (Nähe Oslo, Norwegen).

Ihre Schiffe – ihre Fahrten über das Meer

Die Wikinger waren geschickte Schiffbauer und Seeleute. Sie konnten daher erfolgreich Handel treiben, auf Raubzüge gehen und sich neu ansiedeln. Sie unternahmen weite Fahrten mit ihren schnellen Schiffen – sogar von Island bis Grönland, um sich in Nordamerika anzusiedeln. Ihre Schiffe aus sich überlappenden Planken waren mit Segel und Ruder ausgestattet. Sie bauten nicht nur Langschiffe (mit Raum für 200 Krieger) für ihre Raubzüge, sondern auch breitere Handelsschiffe und kleine Ruderboote.

▼ Quer durch den Atlantik. Die Suche nach Neuland und die Flucht vor tödlichen Feindschaften brachten die Wikinger weit nach Übersee. Um die Jahrtausendwende hatten sie Labrador und Neufundland erreicht und dort Siedlungen errichtet.

▲ Ein Bauernhaus der Wikinger in Stong (Island). Darstellung nach den Funden einer archäologischen Ausgrabung. Hier wurden die Wikinger-Siedlungen bei einem Vulkanausbruch 1104 zerstört. Die Häuser waren aus Torf gebaut und bestanden aus Diele, Wohnraum, Milchkammer und Klo.

▼ Siedlungsgebiete der Wikinger in Island und Grönland. Hier lebten sie vor allem von der Schafzucht. In Handschriften aus Island werden die Siedler als harte und sogar gewaltsame Menschen gezeichnet, kämpferisch und feindselig. Einige wagten sich sogar bis zur nordamerikanischen Küste vor.

▶ Angriffe auf Britannien. Es war schwer, die Wikinger abzuwehren. Dem angelsächsischen König Alfred jedoch gelang dies 886, und er konnte London zurückerobern. Ein großes Gebiet Britanniens (das sog. Danelaw) kam unter die Herrschaft der Wikinger. Sie wurden erst Mitte des 10. Jh. völlig besiegt.

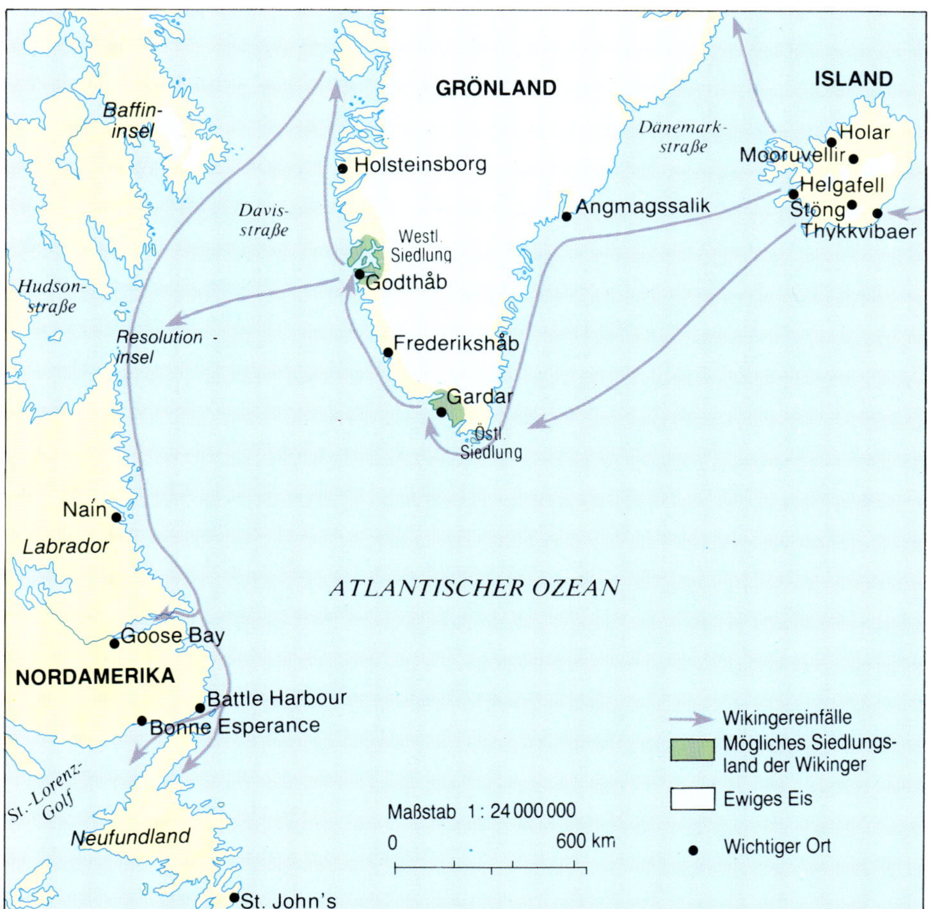

DAS BYZANTINISCHE REICH

Mit »byzantinisch« bezeichnen wir heute das Oströmische Reich und mit »Byzanz« Konstantinopel. Konstantin der Große, der christliche Kaiser von Rom, erhob die alte Stadt Byzanz 330 zur Hauptstadt des Oströmischen Reiches. Auf Seite 16 hast du erfahren, wie einige Teile des Weströmischen Reiches an verschiedene Barbarenvölker wie die Vandalen verlorengingen und wie Kaiser Justinian später wieder einige Gebiete zurückerobern konnte.

Die Bedrohung aus dem Osten

Die größte Bedrohung des Byzantinischen – des Heiligen Christlichen – Reiches kam von den Muslimen im Osten. Ihre Religion war der Islam in der Nachfolge des Propheten Mohammed, der im 7. Jahrhundert lebte. Schon im 8. Jahrhundert hatten sie nicht nur den Mittleren Osten, sondern auch Nordafrika, Spanien und Portugal erobert – die Byzantiner hielten ihnen jedoch stand. Im 9. Jahrhundert begannen sie unter der Führung von Kaisern aus Mazedonien (Nordgriechenland), die Muslime nach Syrien zurückzudrängen und besiegten später die Bulgaren im Norden.

Konstantinopel

Ab dem Herrschaftsbeginn der ersten mazedonischen Kaiser (867) blühte Konstantinopel etwa zwei Jahrhunderte. Die griechisch-orthodoxe Kirche begann Missionare zu den Heiden zu entsenden; das Reich wuchs – und ebenso wuchs seine Hauptstadt Konstantinopel innerhalb der Mauern Kaiser Theodosius' aus dem 5. Jahrhundert. Die heutige türkische Stadt Istanbul befindet sich auf dem von Theodosius angelegten Areal.

Das Byzantinische Reich ging 1453 mit der Eroberung Konstantinopels durch die Osmanen unter.

Neuer Aufschwung des Oströmischen (Byzantinischen) Reiches

11. Mai 330: Gründung Konstantinopels.
717–41: Herrschaft Kaiser Leos III., Abwehr der Muslime.
867: Beginn der Herrschaft Basileios' I., des 1. mazedonischen Kaisers.
976–1025: Kaiser Basileios II., Sieg über die Bulgaren. Größte Ausdehnung des Reiches gegen Ende seiner Herrschaft.
1176: Sieg türkischer Seldschuken über Kaiser Manuel I.
23. Mai 1453: Einnahme Konstantinopels durch die Osmanen: Zusammenbruch des Byzantinischen Reiches.

▼ Das Byzantinische Reich in seiner größten Ausdehnung um 1025. Die Bulgaren wurden 864 zur griechisch-orthodoxen Lehre bekehrt; ihr Gebiet konnte 1018 erobert werden.

▶ Kaiser Justinian erbaute 537 in Konstantinopel die großartige Hagia Sophia (»Heilige Weisheit«). Diese Innenansicht der Kirche von 1852 stammt von dem Architekten Fossati, der vom türkischen Sultan mit der Restauration beauftragt war. 1453 wurde die Kirche zu einer islamischen Moschee umgebaut.

▲ Dieses kleine Bild von Konstantinopel (1436) zeigt die große Kuppel der Hagia Sophia und eine Reiterstatue Kaiser Justinians.

DAS REICH DER PLANTAGENET

Das Reich Karls des Großen (Seite 20) umfaßte die heutigen Länder Frankreich, Italien und Westdeutschland. Sein Reich wurde schließlich 843 von seinen Enkeln in drei Gebiete geteilt. Eigene Landesteilungen nahmen damals auch mächtige Herzöge und Grafen vor, die kleine Heere zur Kontrolle ihrer Gebiete besaßen.

Das England der Sachsen

Seit der römischen Zeit erlebte England Angriffe von verschiedenen Stämmen – zuerst von den Sachsen, dann von den Dänen, die sich hier ansiedelten. So wurde Mitte des 11. Jahrhunderts Eduard der Bekenner König, der von sächsischen und normannischen Familien abstammte. Bei seinem Tod (1066) fand sich in seiner Familie jedoch kein erwachsener männlicher Nachfolger. Harold Godwinson, Schwager des Königs und Graf von Wessex, erhob Anspruch auf den Thron.

England und die Normandie

Wilhelm, Herzog der Normandie, durchkreuzte jedoch diesen Plan: Nach seinem Einfall in England (1066) siegte er in der Schlacht bei Hastings und bestieg den englischen Thron. Von nun an ist die Geschichte Frankreichs eng mit der Englands verknüpft. In den nächsten 140 Jahren lag die Herrschaft über England und die Normandie meist in einer Hand, nur zeitweise wurden beide Länder von verschiedenen Königen regiert.

Das Haus Plantagenet

Plantagenet nennen die Historiker die angevinische, aus Anjou (Frankreich) stammende Herrscherfamilie. Nach dem Tod seines Vetters Stephen im Dezember 1154 kam Heinrich II., der 21jährige Sohn Matildas von England und Geoffreys von Anjou, als König nach England. Er war bereits Herzog der Normandie und Aquitaniens und erweiterte den Herrschaftsbereich der Plantagenet durch Feldzüge gegen benachbarte Gebiete, wo er als Zeichen seiner Macht gewaltige Schlösser errichtete. Schließlich erstreckten sich die von ihm beherrschten Gebiete von der schottischen Grenze bis zu den Pyrenäen – zu groß, um ein »Reich von Dauer« zu sein.

▶ Das Reich der Plantagenet. Es grenzte im Osten an die Gebiete des französischen Königs und im Süden an die mehrerer anderer Herrscher. Auch in Friedenszeiten bereiste Heinrich II. sein Reich. Meist hielt er sich in den Jagd- und Grenzgebieten auf – in den Ebenen der Themse und Seine, in Southampton und Barfleur.

◀ Heinrich II. baute viele gewaltige Schlösser, vor allem an den angriffsgefährdeten offenen Küsten. In England wurde das Schloß in Dover unter Heinrich II. errichtet, mit Anbauten während mehrerer Jahre. Das Schloß von Orford ist hier abgebildet. Für seinen Bau benötigte man 8 Jahre und mehr als 4200 Mark – im 12. Jh. ein Vermögen. Das Verlies, sein mächtigster Teil und einige Schutzwälle haben sich erhalten.

Die Macht der Plantagenet

In Frankreich: Heinrich II. wird **1149** Herzog der Normandie, **1151** Graf von Anjou, **1152** Herzog von Aquitanien.

In England: Nach dem Tod von Stephen, König von England und Herzog der Normandie (1135–44), wird Heinrich II. **1154** König.

Feldzüge:
1157, 1163, 1165 Wales.
1159 Toulouse. **1166** Bretagne.

Gewonnene Gebiete: 1159 Quercy.
1171 Bretagne (durch Heirat von Geoffrey, Sohn Heinrichs II.)
1171 Heinrich als Herrscher von Irland und **1174** von Schottland anerkannt (ohne dort jemals zu regieren).

DER TEPPICH VON BAYEUX

Der berühmte *Teppich von Bayeux* ist in Wort und Bild eine lebendige Darstellung der erfolgreichen Eroberung Englands durch die Normannen (1066).

Sie beginnt mit den Worten: »EDWARD REX. UBI HAROLD DUX ANGLORUM ET SUI MILITES EQUITANT AD BOSHAM«. Dieser lateinische Text – Bildunterschrift der Bildgeschichte – heißt auf Deutsch: »König Eduard. Als Harold, Herzog der Engländer, und seine Soldaten nach Bosham ritten«.

Harold und Wilhelm

Als König Eduard von England 1066 starb, erhoben zwei machtvolle Herrscher Anspruch auf den Thron: Harold und Wilhelm, Herzog der Normandie. Am Anfang des Teppichs erfahren wir, daß sich Harold in die Normandie begab und Wilhelm Unterstützung schwor. Als Eduard starb, beanspruchte jedoch Harold den englischen Thron für sich. Wilhelm rüstete zum Krieg gegen England. Er stellte eine mächtige Flotte zusammen und segelte am 28. September nach Pevensey an der Südküste Englands. Das normannische Heer ging mit seinen Pferden an Land und baute in Hastings ein Holzfort mit Schutzwällen. Harold eilte in der Zwischenzeit nach seinem Sieg bei York über König Harald von Norwegen in Richtung Süden.

▼ Der *Teppich von Bayeux* ist eigentlich gar kein Teppich, denn er ist nicht gewoben. Bilder und Text wurden mit farbiger Wolle auf Leinen aufgestickt. Er ist mehr als 70 ½ Meter lang. Wir nehmen an, daß ihn Wilhelms Halbbruder, Bischof Odo von Bayeux, in Auftrag gab. Angefertigt wurde das Kunstwerk aber wohl in England und dann auf dem Festland in der Kathedrale von Bayeux (Frankreich) ausgestellt.

Die Schlacht bei Hastings

Wilhelm befehligte eine Armee von etwa 7000 Mann, darunter 2000 Reiter. Das englische Heer war kleiner, schlug sich aber tapfer in der Schlacht bei dem heute Battle (»Schlacht«) genannten Ort. Der Teppich zeigt all die blutigen Szenen: durch die Luft fliegende Pfeile und Speere sowie die gefallenen Soldaten. Harold wurde tödlich verwundet. Die Engländer bekamen einen normannischen König: Wilhelm den Eroberer.

Wiederentdeckung des Teppichs

Der Teppich wurde in der Kathedrale von Bayeux zwar sicher verwahrt, aber bis zum 18. Jahrhundert nicht als ein bedeutendes historisches »Dokument« betrachtet. Im 2. Weltkrieg mehrmals ausgelagert, wird er heute in einem besonderen Gebäude wieder öffentlich ausgestellt.

◀ Der Teppich beinhaltet wunderschöne Bilder aus dem 11. Jahrhundert: Er zeigt verschiedene Bauwerke wie Kirchen, Burgen und Türme. Wilhelms Kriegsflotte bestand aus Schiffen, die denjenigen der Wikinger ähneln.

▼ Die Schlachtszenen zeigen uns, mit welchen Waffen und Panzern man gegeneinander kämpfte: kegelförmige Helme mit Nasenschutz, Kettenhemden, Schwerter und Beile. Hier wird König Harold von einem normannischen Pfeil verwundet und niedergestreckt.

DAS GERICHTSTAGS-BUCH

Es gibt viele Arten von schriftlichen Quellen über das Mittelalter: Geschichten, Verzeichnisse, Gesetze, gerichtliche Anhörungen, Testamente und Bestandsaufnahmen (Listen) des Hauseigentums. Manche sind uns erhalten geblieben und können heute untersucht werden.

König Wilhelms Verzeichnis

Der *Teppich von Bayeux* legt bildhaft Zeugnis ab vom Angriff Wilhelms des Eroberers auf England. Ein anderes wichtiges Dokument ist uns erhalten und kann uns zeigen, wie das eroberte englische Gebiet beschaffen war – diesmal ein schriftliches Verzeichnis. König Wilhelm ließ es 1086 von seinem gesamten englischen Landbesitz anfertigen; so konnte er prüfen, welche Abgaben und Pachtbeträge ihm zukamen.

▶ »Nach vielen Überlegungen und langwierigen Diskussionen mit seinem Rat« – so die *Angelsächsische Chronik* – sandte König Wilhelm Beauftragte durch England, um sich die Daten für das »Gerichtstags-Buch« einzuholen. Unter Eid mußten die Einwohner jeder Ortschaft oder Stadt Rechenschaft über ihren Landbesitz, die Bediensteten sowie über die Zahl der Geistlichen und Kirchen ablegen.

Terra Epi Herefordenſis. In Writa. ten& Epc. II. hid. 7. xx. ac. qru XIX.
una fuit in eccla t. r. e. 7 alia feudo haroldi. Sep. III. uill. 7. I. pbr. Tc. II. bor.
m. VIII. Tc. II. ſer m null. ſep. I. car in dnio. 7. II. car hom. ſilu. c. porc. VIII.
ac. pti. Val. L. ſol.

TERRE Comitis Euſtachij In Exſſeſſa. Hund de berdeſtapla. .XX.
Phobinge tenuit Brictmar un teinn regis Eaduuardi p. v. hid. 7. p uno man.
m ten& comes. E. in dnio. Sep. IIII. car in dnio. 7. v. carruc. hominu. Tc. VIII. uill
m. III. Tc. VIII. bor. m. XXII. Tc. XII. ſer. m. VI. Silu. dcc. porc. Paſt. dcc. ouib;. dim
piſcina. XXXI. porc. dcc. ou. 7 XVII. Ex hac tra tulit Turold. xxx. ac. quæ ſt
ad feudu epi baiocenſis. Pt hoc addidit Ingelric huic manerio. XXII. libos hoes
tenentes. xv. hid. 7. dimid. 7. xv. ac. 7. dim. In q tra. ſt ſep. XII. car. 7. xx. bord.
7. III. ſer. Silu. L. porc. x. ac. pti. Paſt. cccc. ou. Tcia pars uni piſcinæ. 7 poſſt
addi. III. car. 7. dim. Tc ual. maneriu. xx. lib. 7 tra. ſochemanoz. XII. lib. M
int totu. XXXVI. lib.
Hornindunā ten& Garner de comite qd tenuit Vluric lib ho. p. uno
manerio. 7. p. II. hid. 7. L. ac. Sep. II. car. in dnio. Tc. II. uill. m null. Tc. VII.

Übersetzung des Eintrages im *Domesday Book*:
»Brictmer, ein Kammerherr König Eduards, besaß FOBBING mit 300—500 Morgen als sein Landgut. Heute hält es Graf Eustachius als sein herrschaftliches Gut. Immer 4 Pflüge in seinem Besitz; 5 Pflüger.
Damals 8 Dorfbewohner, heute 3; damals 8 Kleinbauern, heute 22; damals 12 Knechte, heute 6.
Wald, 700 Schweine; Weideland, 700 Schafe; 1/2 Fischereigewässer. 31 Schweine, 717 Schafe.«

Dieses Grundbuch wurde als *Domesday Book*, d.h. »Gerichtstags-Buch«, bekannt und diente viele Jahre als Nachschlagewerk. Eigentlich sind es zwei Bände: das »Große Buch« umfaßt die meisten englischen Gebiete, das »Kleine Buch« nur die Grafschaften Essex, Norfolk und Suffolk. Nicht jeder Ort ist verzeichnet, ausgelassen wurden die Städte Winchester und London sowie große Teile Nordenglands.

Was ist verzeichnet?
König Wilhelm wollte festhalten, wer zur Zeit seines Angriffs auf England (1066) Land besaß und wer 20 Jahre später, also 1086, das Land hielt. Dies wird im *Domesday Book* unter dem Kennwort »damals« (vor 1066) bzw. »heute« (1086) dokumentiert. Das Buch führt an, daß Wilhelm seinen Freunden Land gab – so auch Odo, Bischof von Bayeux und Kampfgefährte bei Hastings. Es hält auch fest, wie viele Pflüge es in einem Dorf gab. Die Bevölkerungsmehrheit bestand aus Bediensteten und Kleinbauern. Sie bewirtschafteten auf dem Gut oder im Dorf verschieden große Parzellen. Leibeigene dagegen standen im Dienst des Herrn, ohne eigenes Land zu besitzen.

Das *Domesday Book* gab auch Auskunft über die Größe des Weidelandes und damit die Futtermittel. Auch wurde festgehalten, ob das Dorf über Fischteiche, Mühlen, Bienenstöcke oder Salinen zur Salzgewinnung verfügte.

▲ Der Eintrag über das Dorf Fobbing im *Domesday Book* berichtet uns, daß ein gewisser Brictmer unter dem Sachsenkönig Eduard dem Bekenner Gutsbesitzer war. König Wilhelm übertrug Fobbing an Eustachius, Graf von Boulogne und ebenfalls Mitkämpfer bei Hastings. Drei leibeigene Pächter weist der Jahreseintrag u.a. aus, 1086 kamen drei hinzu; er endet mit dem Verzeichnis weiterer Besitztümer.

◀ Luftaufnahme des mittelalterlichen englischen Dorfes Onley. Außer dem Gutshof rechts ist es heute verlassen. Man erkennt noch deutlich letzte Überreste von Feldern, Gärten, Häusern und Straßen. Besonders auffällig die Art des Pflügens: Auf den Feldern sieht man noch gerade Linien mit seitlichen Furchen. Um die Scheune herum in der Mitte des Bildes befindet sich das Dorf, durchzogen von Hohlwegen oder tiefeingeschnittenen Pfaden. Ringsherum die Parzellen der Dorfbewohner.

DIE KREUZZÜGE

In den christianisierten Gebieten Europas gab es viele fromme Gläubige. Orden wurden gegründet, deren Anhänger in Glaubensgemeinschaften als Mönche und Nonnen lebten. Den Gebeinen von Heiligen oder geweihten Stätten wurde besondere Ehrfurcht erwiesen. Seit dem 4. Jahrhundert unternahmen Gläubige besondere Reisen, sog. Pilgerfahrten, zu diesen heiligen Stätten.

Das Heilige Land Israel war das bedeutendste Ziel dieser Pilgerfahrten. Nach der Einnahme von Jerusalem durch die Muslime (638) gewannen die heiligen Stätten von St. Peter und St. Paul in Rom bei den Pilgern an Beliebtheit.

▲ Krak des Chevaliers (Syrien), eine riesige, von Kreuzrittern gebaute Burg. Verschiedene Ritterorden wurden gegründet, und Krak war 1142–1271 im Besitz des Malteserordens bzw. der Johanniter, die sich der Krankenpflege widmeten.

Das Heilige Land – verloren für die Christen

Die arabischen Muslime, Anhänger des Propheten Mohammed, ließen die Christen anfangs ins Heilige Land reisen. 1076 eroberten jedoch die türkischen Muslime die von den Arabern beherrschte Stadt Jerusalem. Die Christen wurden vertrieben, einige Pilger festgenommen und gefoltert. Aus Konstantinopel kam der Aufruf des christlichen Kaisers zum Kampf gegen die Türken.

Für Christus kämpfen

Papst Urban II. unterstützte 1095 den Kaiser mit seinem Aufruf zum Kreuzzug, zum »Krieg für das Kreuz«, um das Heilige Land von den »Heiden« zurückzuerobern. Riesige Scharen zogen mit und »nahmen das Kreuz auf«. Nach vier Jahren endete der 1. Kreuzzug mit der Rückeroberung Jerusalems. Weitere folgten. Es galt nicht nur den Feind zu bekämpfen, denn zwischen den »römischen« und den »griechischen« bzw. »orthodoxen« Christen waren Zwistigkeiten ausgebrochen. Das Zentrum der einen war Rom, das der anderen Konstantinopel.

Die Kreuzzüge: Siege und Niederlagen

1. Kreuzzug 1095: Papst Urban II. predigt im Westen den Kreuzzug. **1096** erreichen die Kreuzritter Konstantinopel. **1098** Antiochia belagert und erobert. **1099** Einnahme Jerusalems.
2. Kreuzzug: 1145 Edessa verloren. Der Kreuzzug scheitert.
3. Kreuzzug: Sultan Saladin von Ägypten erobert **1174** Damaskus, **1183** Aleppo, **1187** Jerusalem. **1189** Kreuzzug unter Kaiser Friedrich II. (»Barbarossa«), König Richard I. (»Löwenherz«) von England und König Philipp von Spanien. Rückeroberung von Küstenstädten und Befestigungsanlagen.
Kinderkreuzzug 1212: Die Überlebenden von mehreren tausend werden in Alexandria als Sklaven verkauft.
Kreuzzug 1249: unter Ludwig IX. von Frankreich. Er geriet in ägyptische Gefangenschaft und wurde freigekauft.

▶ Die Kreuzfahrerstaaten. Sie dienten der Abwehr der »Heiden« und waren ähnlich den Staaten in Westeuropa aufgebaut.

◀ Das von berittenen Kreuzrittern geführte Heer belagert eine muslimische Burg. Fußsoldaten kämpften mit Speeren und Armbrüsten; sogar Kriegsmaschinen wurden bei der Belagerung eingesetzt.

DAS HEILIGE RÖMISCHE REICH

Die Geschichte des Weströmischen Reiches war voll langwieriger Entwicklungen. Vorhergehende Karten zeigen seinen Aufstieg zum wichtigsten Staatsgebilde Europas unter Zusammenschluß früherer Reiche. Ab 962 wurde es das Heilige Römische Reich genannt, zuvor taucht es manchmal unter dem Namen Sächsisches Reich auf. Seine Herrscher waren allesamt Deutsche.

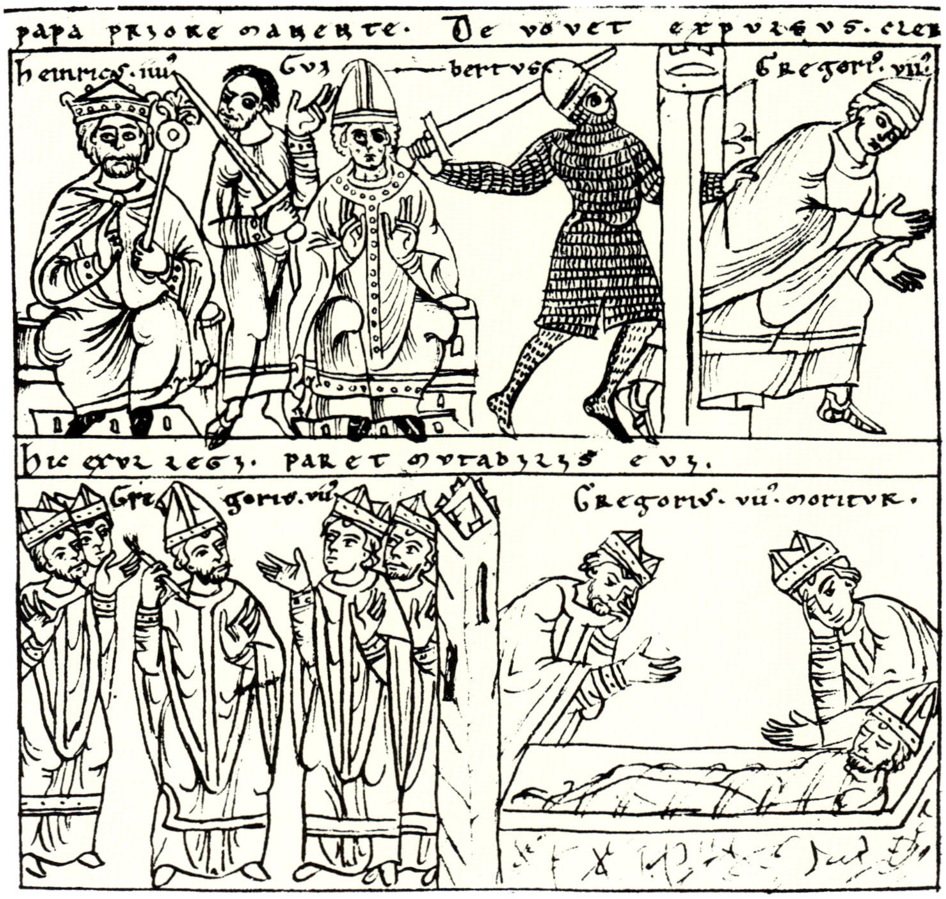

König Heinrich von Deutschland

Deutschland war aufgesplittert in Herzogtümer. Die Herzöge waren alle mächtig, hatten ihre eigenen Burgen und Heere. Sie erkannten Könige zwar an, kämpften aber auch oft gegen sie. 919 wurde Herzog Heinrich von Sachsen der Nachfolger König Konrads von Franken. Zunächst wurde er nur von Sachsen und Franken als Heinrich I. anerkannt, schließlich von ganz Deutschland.

Feinde an den Grenzen

Die Magyaren und Slawen waren die mächtigsten Feinde der Deutschen. Heinrich I. hielt die Magyaren mit einer List vom Kampf ab – derweil baute er Burgen und Festungen (z.B. Quedlinburg und Merseburg). Im Krieg von 933 wurden sie besiegt. Im Fall der Slawen war dies nicht so einfach: Große Volksgruppen siedelten nördlich der Elbe und betrieben dort Ackerbau. Mit der Zeit weiteten jedoch die deutschen Könige ihr Gebiet ostwärts aus.

Kaiser Otto I.

Heinrichs Sohn Otto wurde 936 zum Kaiser gekrönt und machte die deutschen Herzöge zu seinen Untertanen. Es wird berichtet: »Sie gaben ihm ihre Ländereien und versprachen ihm ihre Treue und ihre Dienste gegen alle Feinde«. Otto griff die Magyaren an und besiegte sie 955. Auch sonst erweiterte er seine Macht: 951 wurde er König von Italien, 962 wurde er zum Kaiser des Heiligen Römischen Reiches gekrönt.

Das Heilige Römische Reich

Otto betrachtete sich als natürlicher Nachfolger Kaiser Karls des Großen, sein Titel war Imperator Augustus (Kaiser Augustus). Sein Enkel Otto III. tat kund, daß das alte Römische Reich jetzt wieder erwache. Die Bevölkerung Roms hielt es aber nicht mit diesen deutschen Kaisern und erhob sich gegen Otto.

◀ Szenen aus dem Leben Papst Gregors VII. (1073–85), aus der *Weltchronik* Ottos von Freising. Kaiser Heinrich IV. von Deutschland führte in Italien Krieg gegen den Papst. Die vier Szenen beschreiben die Auseinandersetzung; es ist deutlich, daß sie Gregor (oben Mitte und rechts) mehr Sympathie bekunden als Heinrich (oben links). Zudem sind sie ein Beispiel, wie geschichtliche Ereignisse der Zeit auf beredte Weise als Bildgeschichten erzählt werden konnten.

▲ Das Heilige Römische Reich Deutscher Nation. Die Hauptgrenzen zeigen das Anwachsen des Reiches. Die Königreiche Italien und Burgund kamen im 10. und 11. Jh. hinzu, die Lombarden Norditaliens sorgten jedoch immer für Schwierigkeiten. Fürsten wie adlige Familien gewannen auch in Deutschland an Macht.

Unter einer Mark versteht man ein umstrittenes Grenzgebiet mit einem ständig einsatzbereiten Truppenaufgebot. Ein Herzogtum wurde von einem Herzog oder einer Herzogin regiert und war in gewisser Weise unabhängig. Dem Reich angegliederte Staaten wurden manchmal von eigenen Königen regiert.

◀ Zeichnung aus einer Handschrift von 1425: ein Nürnberger Topfmacher bei der Arbeit. Er schlägt mit einem Spitzhammer Löcher in ein Sieb. In einer mittelalterlichen Küche würden wir kaum etwas vermissen.

Ausdehnung des Heiligen Römischen Reiches

919–36: Heinrich I. König von Deutschland. Feldzüge gegen die Slawen und Magyaren.
955: Sieg Ottos I. über die Magyaren.
967–70: Feldzüge gegen Süditalien.
1033: Königreich Burgund hinzugewonnen.
1158: Königreich Böhmen hinzugewonnen.
1158: Grenzmark Lausitz, **1163** Herzogtum Schlesien, Oppeln und Ratibor und **1181** Herzogtum Pommern unter deutscher Herrschaft.
1194: Königreich Sizilien von Heinrich VI. hinzugewonnen.
1231: Deutscher Ritterorden erobert Preußen.

DIE KIRCHE IM MITTELALTER

Die christliche Kirche drang anfangs nur langsam in die römische Welt ein, bis sie sich im 2. und 3. Jahrhundert dort ausbreitete. Bischöfe waren verantwortlich für den christlichen Gottesdienst in den Gemeinden des Römischen Reiches. Es war nicht immer leicht, in der römischen Welt ein Christ zu sein; erst nach 312 wurden die Christen wegen ihrer Religion nicht mehr verfolgt. Unter Kaiser Theodosius wurde 395 schließlich die christliche zur »offiziellen« Religion des Reiches.

Christliche Mönche

Das Wort »Mönch« leitet sich ab vom griechischen »monos« (allein) – und allein lebten sie wirklich, die ersten christlichen Mönche: abseits allen Lebens in der Wüste Ägyptens. Dort bildeten sich auch die ersten Gemeinschaften von Nonnen. Mönche wie Nonnen heirateten nicht und führten ein Leben ohne Luxus. Die ersten Mönche hatten bald Nachfolger in der ganzen römischen Welt – nicht nur im östlichen Mittelmeerraum, auch in Nordafrika, Italien, Gallien (Frankreich), Britannien und jenseits der römischen Provinzen in Irland.

Mittelalterliche Klöster

Nach der Römerzeit wurden viele Klöster gegründet, die der Regel des hl. Benedikt folgten. Auch andere Männer- und Frauenorden kamen hinzu, z.B. 909 in Cluny (Burgund). Schon im nächsten Jahrhundert gab es 1450 kluniazensische Glaubensgemeinschaften in ganz Westeuropa.

Die Organisation der Christen

Die Art und Weise, in der die Christenheit organisiert ist, stammt aus den frühchristlichen Jahrhunderten. Bischöfe wurden in Bezirke (Diözesen) bestellt. Diese wurden wiederum unter Priestern oder Vikaren in Gemeinden und Pfarreien aufgeteilt. Für jede Gemeinde wurde eine Kirche errichtet, in Größe und Architektur von den Mitteln der Pfarrei abhängig. Diese Pfarrkirchen sahen in der christlichen Welt ganz unterschiedlich aus. Theoretisch erkannten alle Glaubensgemeinschaften des Westens den Papst in Rom als höchste Autorität an, sie handelten jedoch oft nach eigenem Ermessen.

▲ Der bebilderte Buchstabe B einer Bibel, jetzt in Winchester (England). Sie wurde im späten 12. Jahrhundert für Heinrich von Blois, Bischof von Winchester, angefertigt. Der untere Teil zeigt Jesus bei einer Teufelsaustreibung.

▶ Diese Darstellung (12. Jh.) zeigt einen Mönch beim Abschreiben der Bibel. Mönche statteten solche Bibeln mit prachtvollen Bildern aus. Diese handgefertigten Bücher waren hochgeschätzt. Nur wenige aus dem frühen Mittelalter sind uns erhalten geblieben.

▲▶ Die Kirche in Wroxeter (England) steht am Rand einer römischen Stadt, die heute größtenteils von Gras überwuchert ist. In römischer Zeit lebte hier vielleicht eine christliche Gemeinde.

Im 9. Jh. muß auf dem Kirchhof ein verziertes angelsächsisches Kreuz (siehe oben) gestanden haben. Teile dieses Kreuzes sind in der Wand des Seitenschiffes der Kirche erhalten geblieben.

Viele Pfarrkirchen Großbritanniens haben eine lange Geschichte. Vor dem Bau dieser Kirche im 7./8. Jh. (rechts) könnte hier eine noch ältere gestanden haben. Für den Bau verwendeten die Angelsachsen breite Steine aus der römischen Stadt für das kleine Längsschiff und den Altarraum. Im *Domesday Book* sind hier für 1086 vier Priester aufgeführt.

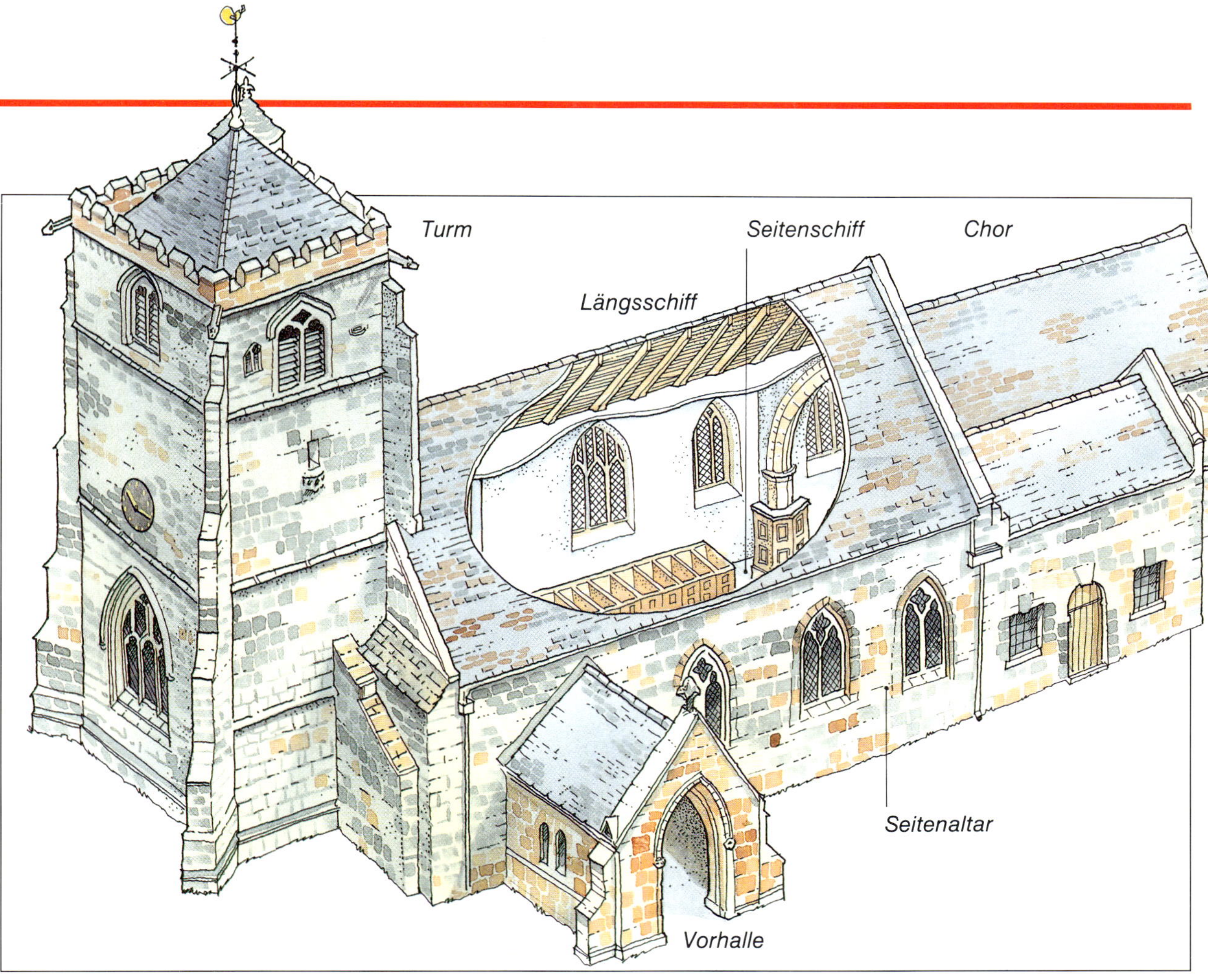

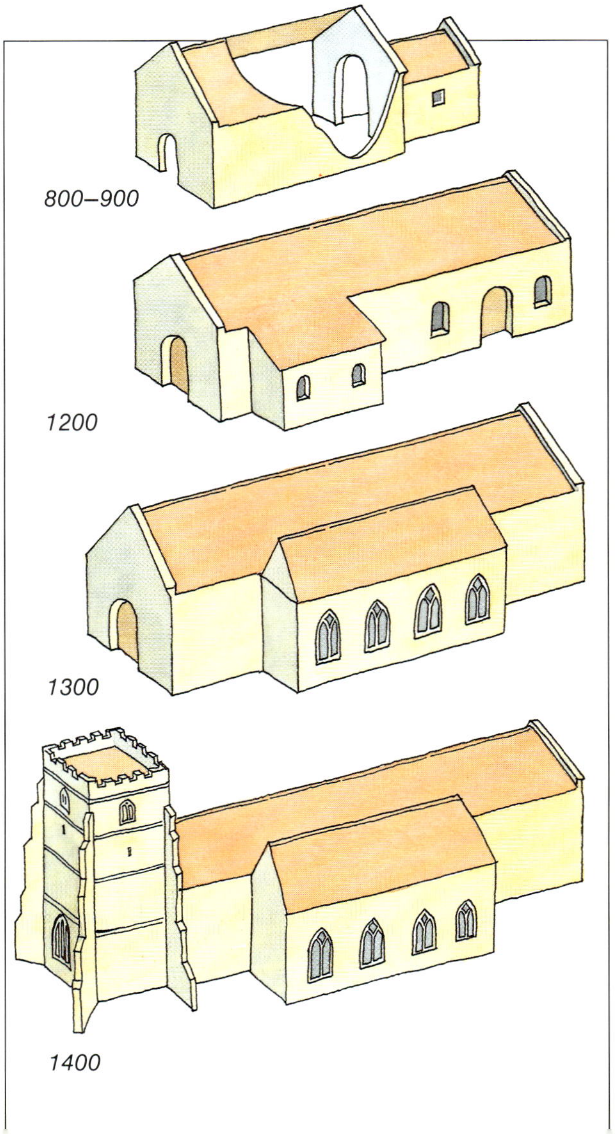

▲▶ Die Kirche in Wroxeter besitzt Anbauten aus vielen Jahrhunderten. Der Eingang besteht aus einer Vorhalle des 19. Jh. Solche Vorhallen wurden schon im Mittelalter für Zwecke der Gemeinde genutzt.

Durch Anbau eines Seitenschiffes konnten mehr Gläubige am Gottesdienst teilnehmen. Wie hier in Wroxeter ließen Wohlhabende hierin oft einen Seitenaltar errichten, an dem für die Seelen der Verstorbenen gebetet wurde.

Im Längsschiff stand die versammelte Gemeinde – normalerweise gab es keine Bänke; im Chor zelebrierte der Priester den Gottesdienst. Und aus dem Turm riefen die Glocken die Gemeinde zusammen.

Diese Ansicht der Kirche von Wroxeter (rechts) zeigt das angelsächsische Längsschiff und den Turm.

BILDUNG

Im Mittelalter brauchten die meisten Menschen vergleichsweise wenig zu lernen, nicht einmal lesen oder schreiben. Dafür bestand keine Notwendigkeit. Und viele – ob reich, ob arm – beherrschten weder das eine noch das andere. Bildung benötigten dagegen die Geistlichen in den Klöstern und Kirchen.

◀ Nikolaus von Lyra (in der Mitte) beim Unterricht. Er war ein Mönch aus der Normandie und lehrte im 14. Jh. an der Universität Paris. Wie die meisten Gelehrten hielt er seine Vorlesungen vor den Studenten sehr förmlich und distanziert.

Literatur aus früheren Zeiten

Überkommene Handschriften der Römer sowie einige wenige der Griechen dienten den Mönchen als Lehrwerke und wurden von ihnen abgeschrieben. Nicht alle Männer der Kirche waren jedoch gebildet; aber die Geistlichen, auch die auf dem Land, brauchten Kenntnisse in der Musik, im Lesen und Schreiben, denn einige wenige Kinder hatten die Möglichkeit, von ihnen unterrichtet zu werden.

Schulen

Schulen für die Kinder wurden entweder von Klöstern oder von Bischöfen gegründet. So ist für 1070 die Gründung einer Schule in Canterbury durch Lanfranc, den dort beauftragten Erzbischof, bezeugt. Auch Pfarrer gaben Unterricht; so wurde Ordericus Vitalis, ein Geschichtsschreiber des 12. Jahrhunderts, im Alter von fünf Jahren zu einem Priester nach Shrewsbury (England) geschickt, um lesen, die Grammatik und die Grundlagen der Musik zu lernen, bevor er als Mönch geweiht wurde.

Universitäten

Ab dem 12. Jahrhundert errichtete die Kirche zur weiteren Ausbildung Universitäten, die berühmtesten in Paris (Philosophie und Theologie), in Bologna, Norditalien (Rechtswissenschaften), und Salerno in Süditalien (Medizin). Die älteste deutsche Universität wurde erst 1348 in Prag gegründet.

▶ Hugo von St. Victor beim Unterricht in seiner Klosterschule in Paris. 1133 wurde er Prior, also Leiter dieser nach den Regeln des hl. Augustinus geführten Ausbildungsstätte für Kanoniker (nach einer Regel – griechisch »kanon« – lebende weltliche Mitglieder einer Dom- oder Stiftskirche). Diese Abbildung stammt aus einem Werk Hugos. Die Handschrift befindet sich heute in der Universitätsbibliothek Oxford, England.

◀ Die Universität Bologna (Norditalien) bestand im Mittelalter aus zwei benachbarten Gebäudekomplexen innerhalb der Stadtmauer. Die berühmte Abteilung für Rechtswissenschaften befand sich in der Mitte. Der auf dem Bild gezeigte Palast von König Enzo, erbaut 1246, befindet sich inmitten des mittelalterlichen Universitätsareals; hier wurde der König bis zu seinem Tod 1272 23 Jahre lang gefangengehalten. In diesen Jahren entwickelte sich die Universität rasch weiter.

KATHEDRALEN

Der Begriff Kathedrale — für uns eine großangelegte Kirche — geht auf die Römer zurück. Lateinisch »cathedra« bedeutet Sitz oder Stuhl eines Lehrers, eines Gelehrten; im Mittelalter wurde das Wort in genau diesem Sinn verwendet — auf den Seiten 40—41 sind z.B. Hugo und Nikolaus auf ihrem Sitz abgebildet. Es bedeutet aber auch »wichtige Kirche«, da in einer Kathedrale der Sitz, der Thron des Bischofs stand.

Größe und Form

Eine Kathedrale ist in der Regel sehr groß, auch wenn es z.B. in England ganz gewöhnliche Pfarrkirchen gibt, die noch größer sind. Sie wurde entweder von Weltgeistlichen (Kanonikern) oder von Mönchen geleitet.

Im Gegensatz zu einer »weltlichen Kathedrale« schließt sich eine »Klosterkathedrale« als Kirche an einen Gebäudekomplex an, der dem Leben und der Arbeit von Mönchen dient. Da gibt es z.B. einen Kapitelsaal (für die täglichen Versammlungen, Verkündigungen und manchmal auch Bestrafungen), ein Refektorium (Speisesaal), eine Krankenstation, Küchenräume, ein Dormitorium (Schlafsaal), eine Badestube und ein Plumpsklo.

Ein neuer Baustil

Mitte des 12. Jahrhunderts entwickelte sich in den Kirchen Frankreichs ein ganz neuer Baustil: die Gotik. Mit ihrer kunstvollen Architektur und den spitz zulaufenden Glasfenstern konnte sie das gottgeweihte Gebäude mit »dem neuen Licht« — so ein Zeitgenosse — erfüllen.

Diese Gebäude waren sehr kostspielig, ihre Vollendung dauerte viele Jahre. So schrieb 1174 Gervasius, ein Mönch der Kathedrale von Canterbury (England):

»Der Steinmetzmeister, Wilhelm von Sens, begann alles Notwendige für den neuen Bau vorzubereiten und riß alles ab, was vorher dort stand. So verging das erste Jahr, im nächsten setzte er vier Säulen und nach dem Winter zwei weitere ...«

Ein Steinmetzmeister arbeitete mit etwa 30 erfahrenen Wanderhandwerkern. Einheimische wurden für einfache Arbeiten, wie Steine tragen, hinzugezogen.

Säulen, Seitenschiffe und Bogen

Für diesen neuen Baustil mußten Planer und Steinmetze neue Techniken finden und ausprobieren; und gelegentlich stürzten die Gebäude auch ein, da die Neuerungen sich nicht bewährten.

Kathedralen sollten viele Gläubige aufnehmen können, aber auch die Würde eines »Gotteshauses« ausstrahlen. Wie man so hohe Bauten aus Stein ohne extrem dicke Tragemauern errichten konnte, das entdeckten als erste die Baumeister der Gotik. Und so konnten sie Kirchen bauen, die von innen wie von außen gleichermaßen wunderschön waren.

▼ Für den Bau von Kathedralen benötigte man große Steinblöcke, die mit Kränen – hier zwei Arten – gehoben wurden: links einer mit Handwinden, rechts einer mit Tretwerk.

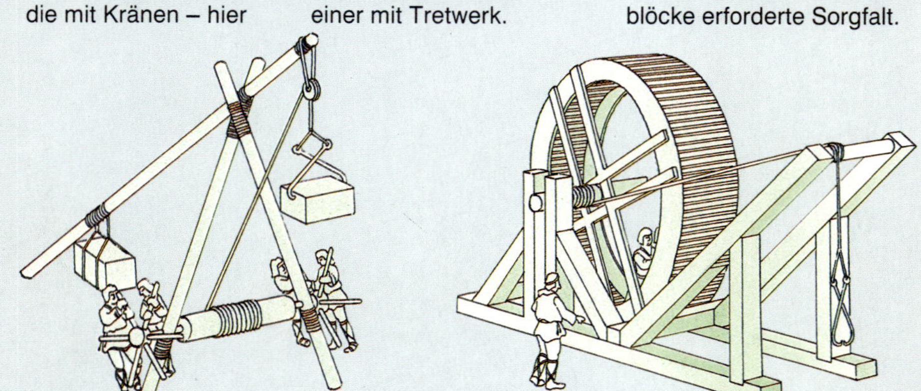

▶ Die Arbeit eines Steinmetzes mußte gelernt sein; das Herrichten der Steinblöcke erforderte Sorgfalt.

◀ Diese Ausschnittzeichnung zeigt, daß das Innere der Kathedrale durch die Seitenschiffe und Säulen auf jeder Seite größer wirkt. Vergleiche die Größenverhältnisse anhand der Menschen unten!

▼ Die Stabilität der Kathedralen wurde zum Teil durch gewölbte Bogen erzielt: Sie wurden aus Stein über einem Holzrahmen geformt, der zum Schluß entfernt wurde.

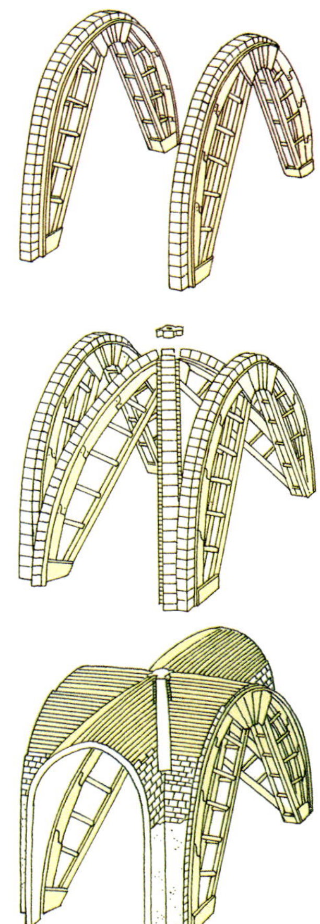

▼ Die enorme Höhe wird bei gotischen Kathedralen mittels dieser »schwebenden Strebepfeiler« erreicht, die das Gewicht des Gebäudes auf die äußeren Säulen und Bogen verteilen.

▶ Nach dem Brand von 1194 wurde die Kathedrale von Chartres (Frankreich) neu errichtet. Das Geld für den großen gotischen Bau wurde durch Handelsmessen aufgebracht, die viermal im Jahr an Marienfesttagen abgehalten wurden. Besonders kennzeichnend für die Kathedralen des 12. Jh. ist die große Fensterrosette aus buntem Glas.

GESCHICHTEN AUS BUNTEM GLAS

»Die Kirche erstrahlt durch ihren leuchtenden Mittelteil.«

Das »neuartige Licht« – hier beschrieben von Abt Suger aus dem 12. Jahrhundert – wurde in Kirchen und Kathedralen durch die Leichtigkeit des zum Himmel strebenden Gebäudes und das durch die Fenster strömende Licht erzielt. Es fiel nicht nur weißes Licht hinein, denn buntes Glas ermöglichte alle Regenbogenfarben.

Atmosphäre schaffen

Kirchen und Kathedralen wurden gebaut, um Gott zu ehren. Vielleicht wollte man auch Reichtum und Macht zeigen; aber sicher war es wichtiger, für die Gläubigen im Gottesdienst eine angemessene Atmosphäre zu schaffen. Gotische Kathedralen sind zweifelsohne beeindruckend. Man kann nur staunen!

Die Atmosphäre in den Kirchen wurde hervorgerufen durch Bilder, Skulpturen und ausgefeilte Zeremonien mit Gesang und Musik. Und noch wichtiger waren hierbei vielleicht die beeindruckenden bunten Glasfenster ringsherum. So, wie die glitzernden byzantinischen Mosaiken ließen auch sie den Kirchgängern diesen Ort als etwas ganz Besonderes erscheinen.

Die Fenster erzählen Geschichten

Kaum jemand konnte damals lesen, also auch nicht die biblischen Geschichten, aus denen man – so wollten es die Geistlichen – lernen sollte. Die Buntglasfenster und Wandmalereien ermöglichten ihnen das selbständige »Lesen« dieser Geschichten, auch wenn man vom Oberteil der hohen Fenster kaum mehr als einen Eindruck gewinnen konnte. Beliebte Themen waren das Leben und der Tod Christi oder Szenen aus dem Leben der zahlreichen Heiligen.

Herstellung eines Fensters

Bei unseren Bildern kann man sich leicht vorstellen, daß die Herstellung der Buntglasfenster fachmännisches Können erforderte. Für das Glas wurde Buchenholzasche mit ausgewaschenem Sand vermischt und stark erhitzt; dabei ergab sich eine milchig-grünliche Färbung. Für die hellen Farben wurden der Mischung dann verschiedene Metalle (z.B. Eisen und Kupferoxyde) beigemengt.

Das Glas wurde in kleine Scheiben geschnitten und mit feinen Bleistreifen zu Bildern zusammengefügt. Einzelheiten wurden durch aufgetragene Linien mit Farbe erzielt. Größere Teile dieser »Mosaiken« aus Glas und Blei wurden durch Eisenstäbe verbunden und in die steinernen Fensterrahmen eingesetzt.

Chartres

Eines der schönsten Bauwerke mit Buntglasfenstern ist die Kathedrale von Chartres in Nordfrankreich. Die meisten der mittelalterlichen Fenster sind dort noch erhalten.

▶ Ein Fenster der Kathedrale von Chartres (12. Jh.). Zwischen 1200 und 1235 wurden mehr als 100 Buntglasfenster gefertigt. Die Arbeit wurde von verschiedenen Gönnern bezahlt, u.a. von König Ludwig IX., vom Grafen der Bretagne und von reichen Kaufleuten der Stadt sowie von den beteiligten Steinmetzen. Die Bilder zeigen die letzten Tage Christi, so das letzte Abendmahl und die Fußwaschung der Jünger (unten).

▲ Dieses schöne Beispiel einer Fensterrosette findet sich in der Kathedrale Notre Dame (Unserer Lieben Frau) in Paris und wurde etwa 1270 von zwei Kunsthandwerkern gefertigt. Form und Farben des Fensters erzielen eine funkelnde Wirkung beim Einfall des Lichts in die Kirche.

▶ Fenster einer Seitenkapelle in der Kathedrale von Straßburg (Frankreich), Mitte des 14. Jh. Bei späteren Fenstern wie diesem verwandte man die Technik, auf größeren Glasflächen zu malen. Die Szenen zeigen die Auferstehung Christi.

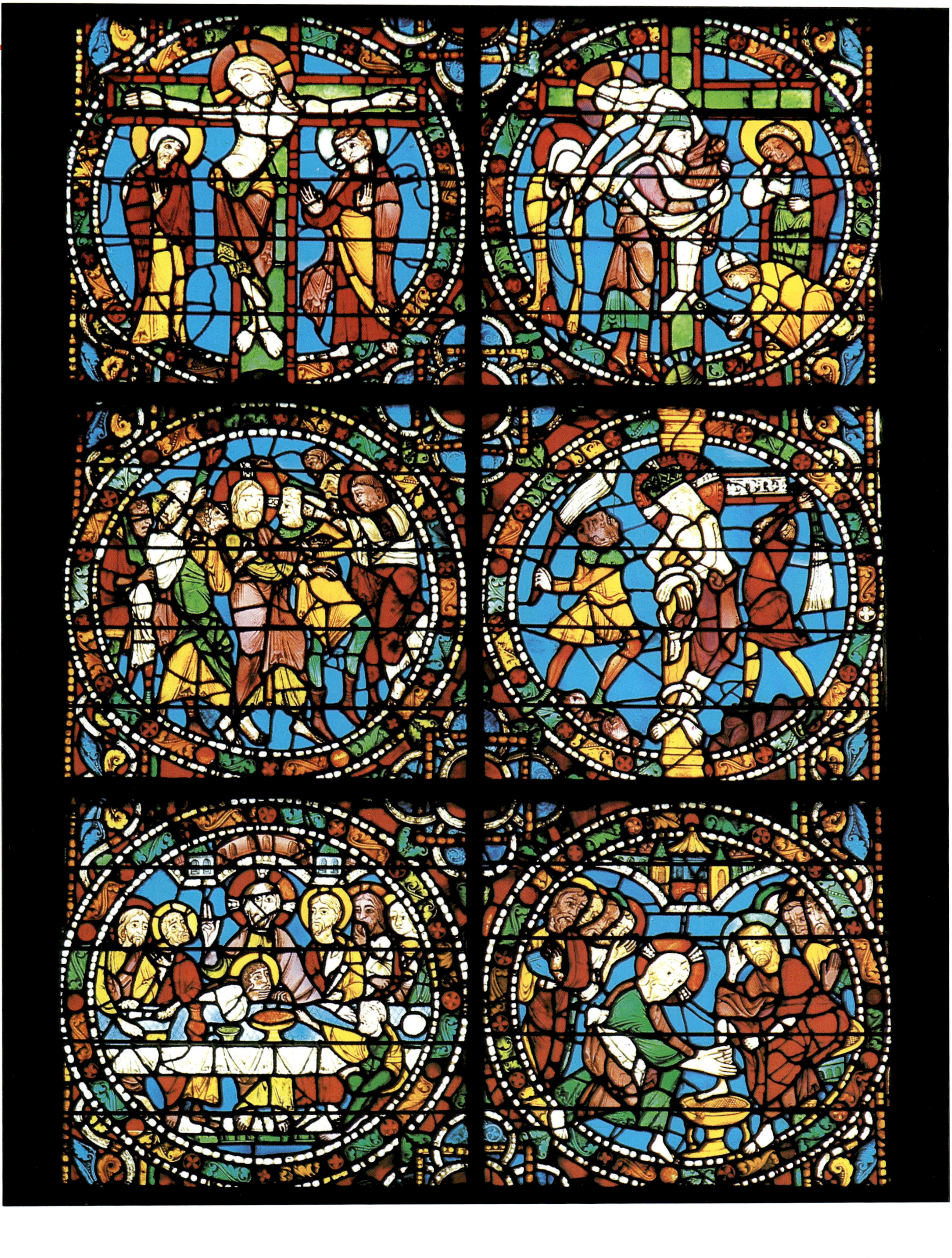

KUNST UND KUNSTHANDWERK

Besondere Beachtung verdienen die vielen, von geschickten Künstlern geschaffenen Werke des europäischen Mittelalters. Alles war mit Verzierungen versehen, von den ausgestalteten Eingangsseiten der Kathedralen bis hin zu den Metallverschlüssen von Bibeln. Verwendet wurden alle Techniken: Bildhauerei aus Stein und Holz, Metallarbeiten, Malerei, Buntglas- und Gobelinarbeiten.

◀ Diese kleine Statue der Jungfrau Maria aus der Kirche von Griske (Norwegen) ist nur ein Beispiel einer frühen Holzskulptur und die Ausdruckskraft der Kunsthandwerker jener Zeit.

▶ Ein um 1380 angefertigtes Musterbuch mit verschiedenen Vögeln (der Dompfaff ist beschriftet). Solche Bücher wurden für Entwürfe, Holzschnitzereien und Stickereien benutzt.

▼ Das Holzdach einer kleinen Pfarrkirche in Garway (England) zeigt das Können der einheimischen Zimmerleute. Das Dachgerüst besteht aus Balken zur Verbindung der Außenwände (Binderbalken), Kehlbalken zum Zusammenhalten des Gerüstes und Streben.

Steinbildhauer ...

Du hast schon erfahren, wie Steinmetze beim Bau der bewundernswerten Kathedralen mitwirkten. Bildhauer schmückten die Gebäude außen und innen, verzierten Fenster, Säulen und Türme. Vor allem die Türen waren oft mit kunstvollen Reliefs aus Vögeln, Tieren und Blättern versehen. Mittelalterliche Kathedralen besaßen auch viele Figuren in kleinen Nischen mit Szenen von Gestalten aus der Bibel, von Heiligen, Päpsten und Königen.

... und Holzbildhauer

Obwohl Holz nicht so haltbar wie Stein ist, besitzen wir noch viele Beispiele des kunstfertigen mittelalterlichen Holzhandwerks. Vor allem bis ins 12. Jahrhundert war Holz ein wichtiges Baumaterial. Die meisten Häuser wurden auch später noch aus Holz gebaut. Für ausgefeilte Holzkonstruktionen entwickelte man besondere Fertigkeiten. Eine Handschrift von 1328 beschreibt den neuen Holzturm der Kathedrale von Ely (England) als

> *»geniale, mit erstaunlich großer Feinheit entworfene Holzkonstruktion ... mit riesigen zugeschnittenen und geschickt zu Rahmen gesetzten Balken für die Arbeit von geschickten Handwerkern«.*

Schreiber

Wir haben schon einige Beispiele mittelalterlicher Literatur kennengelernt. Geschichtsschreiber haben uns über Menschen und vergangene Ereignisse berichtet. Auch viele Gedichte und Erzählungen gab es. Geistliche schrieben hauptsächlich in Latein, nach und nach fanden aber auch die Volkssprachen Eingang in die Literatur.

Nacherzählungen von klassischen (griechischen und römischen) Geschichten waren sehr verbreitet. Und die Heldensagen priesen, meist laut vorgetragen, das Können und die Taten der Krieger.

Hier folgt in Übersetzung ein Auszug aus dem *Beowulf*, einem altenglischen Gedicht des 8. Jahrhunderts über einen germanischen Helden, der Ungeheuer überwindet und zuletzt von einem Drachen erschlagen wird:

»Dann erwachte der Drache mit erneuter Wut; Beowulf schlich sich an die Felsen heran, mutig hatte er die Fußspuren des bösen Feindes gefunden; listig näherte er sich dem Kopf des Drachen.«

Musik

Die Musik spielte eine wichtige Rolle im Leben des Mittelalters. Eine besondere Form des Sprechgesangs wurde in den Klöstern für die Psalmen entwickelt, die zum festen Bestandteil des täglichen Gottesdienstes wurde. In den Klöstern wurde seit frühester Zeit gesungen, zuerst einstimmig, nach dem 11. Jahrhundert auch mehrstimmig. Außerhalb der Kirche trugen reisende Künstler (Troubadoure) Gedichte und Erzählungen vor und sangen zu Trompete, Dudelsack und Laute.

▼ Papst Gregor der Große (6. Jh.) am Schreibpult mit seinem »Markenzeichen«: einer Taube. Dieser wunderschöne Elfenbein-Buchdeckel aus dem 10. Jh. befindet sich heute in einem Museum in Wien.

▼ Dieses Bild mit zwei Musikern stammt aus einer spanischen Handschrift des Mittelalters. Sie enthält auch Notenbeispiele (nicht auf unserem Bild), damit die Sänger die Musikanten besser begleiten konnten.

WISSENSCHAFT, MEDIZIN UND BUCHDRUCK

Unser Wort »Wissenschaft« heißt im Lateinischen *scientia*, d. h. das »Wissen von etwas«. Die Menschen der Antike und des Mittelalters suchten Kenntnisse über ihre Umwelt, die sie nicht immer verstehen konnten. Das Wissen und die Erfindungen der Griechen und Römer fanden in Konstantinopel Eingang ins Oströmische Reich.

◄ Modell eines zylinderförmigen Federgetriebes, erfunden von Leonardo da Vinci (1452–1519), dem großen italienischen Maler, Bildhauer, Architekten, Ingenieur und Wissenschaftler.

► Seite eines medizinischen Werkes (11. Jh.) von einem Arzt aus Bagdad. Im Text wird erklärt, daß Gartenkürbisse gegen Durst und zum Abführen verzehrt werden können.

▼ Astrolabien dienten der Beobachtung von Sonne und Mond und zuverlässigen Messungen. Das hier abgebildete Instrument wurde 1068 von einem Muslim in Toledo (Spanien) gefertigt.

Die Technologie der Muslime

Die Muslime im Osten erwarben dieses Wissen und entwickelten es weiter, indem sie möglichst viele Informationen sammelten. So berichtet al-Bakri, ein Autor des 11. Jahrhunderts, daß der Kalif (Herrscher) ein umfassendes Gutachten über die römischen Aquädukte (Wasserleitungen) im Norden Tunesiens einholte. Er versprach sich hiervon Anregungen für die Entwicklung eines eigenen Systems. Die Muslime waren geschickte Beobachter, Berichterstatter und auch Erfinder genauer Meßinstrumente.

Die Übermittlung des Wissens

Die christliche Welt kam im 12. Jahrhundert häufig in Kontakt mit den Erkenntnissen der Muslime, vor allem in Spanien und Sizilien. Gelehrte suchten diese Länder auf, um Wissen zu erwerben, und übersetzten die dort gefundenen Handschriften.

Einige Erfindungen erwiesen sich als sehr nützlich, z.B. die Magnetnadel im Kompaß für die Schiffahrt oder die Linsen zur Entdeckung der Optik, der Wissenschaft vom Licht. So ersann man viele Erfindungen, noch bevor die Zeit für diese reif war, z.B. den Hubschrauber (Leonardo da Vinci, 1486).

Medizin

Die Medizin und die Heilkunde waren in der Antike weit entwickelt. Im Mittelalter wurde hauptsächlich mit Kräutern behandelt. Und auf manch andere damals verschriebene Heilmittel würden wir heute sicher nicht mehr zurückgreifen, z.B. auf den sog. Aderlaß, bei dem Blutegel (wasserbewohnende Ringelwürmer) angesetzt wurden. Ob man sich danach besser gefühlt hat?

Im Mittelalter glaubten die Menschen auch an die unmittelbare Macht Gottes über ihren Körper, und so galt z.B. die Pest als Strafe Gottes. Der Glaube an den Einfluß der Atmosphäre um uns liegt der lateinischen Bezeichnung der Grippe (»Influenza«) zugrunde.

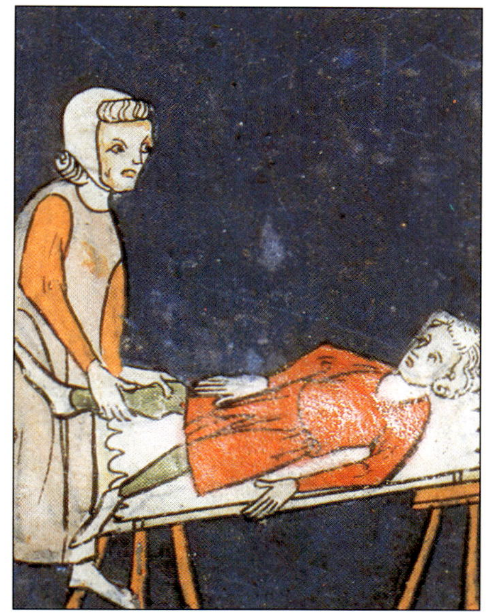

▲ Zwei Abbildungen des 13. Jahrhunderts aus einem um 1170 verfaßten medizinischen Handbuch. Sie zeigen einen Arzt in langer Berufskleidung bei der Untersuchung von Patienten.

Der Aberglaube ging von Generation auf Generation über und spielte eine große Rolle in Medizin und Heilkunst.

Entwicklung der Druckkunst

Das Wissen konnte im Mittelalter nicht unbegrenzt weitergegeben werden; zwar gab es Schulen und Universitäten, die Bücher mußten jedoch noch von Hand abgeschrieben werden, und so gab es keinen raschen und leichten Weg für die Verbreitung von Ideen und Informationen. Papier gibt es in Europa erst seit dem 14. Jahrhundert in ausreichenden Mengen. Religiöse Bilder, manche auch mit Text, konnten mit hölzernen Druckstöcken hergestellt werden (nach der Methode des Linol- oder Kartoffeldrucks).

Das erste gedruckte Buch

Die nächste Stufe bestand in der Herstellung einzelner Metallbuchstaben, die zu einer Textseite zusammengesetzt werden konnten. Der Erfinder scheint Johannes Gutenberg aus Mainz gewesen zu sein, und das erste gedruckte Buch war wohl Gutenbergs *Psalterium* von 1457. Die Idee kam durch deutsche Drucker nach Paris, dann nach Venedig und Rom, und um 1500 gab es 250 Städte in Europa, die über eigene Druckerpressen verfügten; Venedig war mit 150 Pressen ein bedeutendes Zentrum. Überliefertes Wissen und neue Ideen konnten jetzt in einer Vielzahl von Sprachen rasch in Europa verbreitet werden.

▲ Eine Druckerpresse um 1520. Sie drückt den mit Farbe bestrichenen Druckstock auf einzelne Papierbogen.

▶ Zwei Spielkarten (um 1470). Es wurden nicht nur ernsthafte Bücher gedruckt, auch der Spaß hatte seinen Platz.

TEIL 2

DIE LÄNDER EUROPAS IM MITTELALTER

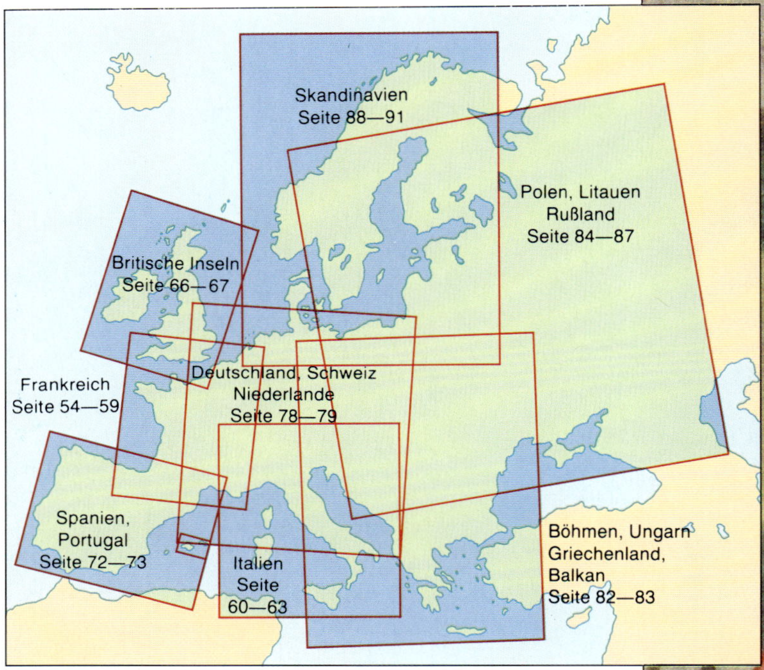

▶ Illustration (14. Jh.) zu einer Szene aus dem französischen *Rosenroman*, einem mittelalterlichen Liebesgedicht von de Lorris und de Meung.

REISEN

»Wenn milder Regen, den April uns schenkt,
Des Märzes Dürre bis zur Wurzel tränkt ...
Dann treibt die Menschen stark die
Wallfahrtslust.«
(Übersetzung von M. Lehnert)

Dies sind die ersten Zeilen einer langen Dichtung vom Ende des 14. Jahrhunderts, der *Canterbury-Erzählungen* (»The Canterbury Tales«) von Geoffrey Chaucer. Sie handeln von einer Gruppe, die zu der Fünf-Tage-Reise von London nach Canterbury aufbricht, um den Schrein des hl. Thomas Becket zu verehren.

Viele Menschen unternahmen im Mittelalter lange Reisen, obwohl dies bei weitem nicht so leicht war wie heutzutage oder noch in römischer Zeit. Fahrende Musikanten und Schauspieler unterhielten die Pilger und Reisenden auf der Straße, in den Herbergen und Schenken.

Straßen

Über Jahrhunderte war in römischer Zeit ein gewaltiges Straßennetz aufgebaut worden. Es erlaubte dem Heer, notfalls rasch von einem zum anderen Ort zu gelangen. Ebenso konnten die Händler über Land ziehen und Ideen und Neuigkeiten verbreiten. Einige römische Straßen haben sich bis in die Neuzeit erhalten; sie waren daher sicher auch im Mittelalter zu benutzen. Damals war niemand für den Erhalt der Straßen zuständig wie heute; nur einzelne Straßenzüge und Brücken wurden kontrolliert und ausgebessert. Auf manchen Straßen mußten Zölle entrichtet werden.

Die Pilger nach Canterbury reisten nicht so weit wie etwa andere, die sich auf den Weg nach Rom oder ins Heilige Land begaben und ganz Europa durchquerten oder zum Schrein des hl. Jakobus nach Compostela (Nordspanien) pilgerten.

Übernachtungsmöglichkeiten

Reisen war weder leicht noch bequem und sicher. Es gab nur wenige Übernachtungsmöglichkeiten; Klöster mußten Reisende zwar aufnehmen, und wer reich genug war, konnte in einem Herrenhaus oder am Weg in einer Burg Unterkunft finden. Andere mußten sich aber mit weniger zufrieden geben und auf einen Platz in einer Schenke hoffen. Die meisten reisten zu Pferde, es gab aber auch Kutschen und Planwagen.

▲ Ein Schiff von Wilhelm dem Eroberer auf dem *Teppich von Bayeux*. Es wurde für sein Invasionsheer von 1066 gebaut und ist den Wikingerschiffen der Form nach sehr ähnlich, hat statt Ruder ein Segel sowie ein Steuerruder hinten am Heck.

▼ Zum Maifest kamen diese holländischen Reisenden im frühen 16. Jh. auf dem Pferd, zu Fuß oder auch mit Booten. Das Paddeln konnte leicht ein Mann übernehmen, während die Musiker spielten; der Mann im Bug steuert an Brückenpfeilern vorbei.

▶ Eine mittelalterliche Brücke in Karitaina (Südgriechenland), von den Franken 1254 neben ihrer Burg erbaut. Auf halber Höhe des Pfeilers eine kleine Kapelle mit Kreuz.

▼ Das Bild (15. Jh.) im *Buch der Wunder* zeigt Reisende aus Europa bei den Mauern von Peking. Der Künstler wußte nicht, wie die Stadt aussah, und so mußte er sich die Ansicht ausdenken.

Der Transport von Waren

Kaufleute mußten ihre Waren oft über große Entfernungen befördern. Und wie seit vorgeschichtlichen Zeiten geschah dies, wenn möglich, auf Wasserwegen; dies war billiger und leichter als über die Straßen. Auf den Kreuzzügen bekam man im Mittelmeer Schiffe zu sehen, die ganz anders als die in Nordeuropa waren.

Durch die Erfindung des Kompasses und des Astrolabiums wurden im Mittelalter die Orientierungsmöglichkeiten verbessert. Das Astrolabium wurde noch im 18. Jahrhundert benutzt. Karten wie auf unseren Seiten 74–75 gab es ab dem 14. und 15. Jahrhundert.

FRANKREICH 1

Unter Ludwig IX. – er wurde 1226 König und herrschte bis zu seinem Todesjahr 1270 – fanden im 13. Jahrhundert in Frankreich bedeutende Veränderungen statt. Wenn du noch einmal auf die Karte vom Reich der Plantagenet schaust (S. 29), fallen dir die Unterschiede auf. Hier siehst du das Frankreich und Belgien des 13. Jahrhunderts. Das große Gebiet mitsamt der Region, die auch heute noch Burgund heißt, stand unter der Herrschaft der Herzöge von Burgund – es wurde jedoch nie ein Staat.

Das Reich des heiligen König Ludwig IX.
Unter den früheren Königen Frankreichs wurden die direkt vom König verwalteten Gebiete vergrößert, nicht jedoch unter Ludwig IX. Er wollte die gewaltsamen Auseinandersetzungen beenden und das Volk ermutigen, vor Gericht zu gehen. Das *parlament* war der höchste Gerichtshof des Königs. Über einige neue Gebiete herrschten Ludwigs Brüder, andere standen unter der Kontrolle des englischen Königs. Ludwig kämpfte sechs Jahre in einem Kreuzzug gegen die Muslime, einmal wurde er gefangengenommen und gegen Lösegeld freigekauft.

In seinem Land förderte er die Kirche und die Bildung, die ersten französischen Universitäten wurden errichtet. In Paris bekamen viele Künstler, Steinmetze und Bildhauer neue Aufträge; die Stadt wurde in jener Zeit das bedeutendste Zentrum der Buchherstellung.

◀ Dieses Bild aus einer französischen Handschrift des 15. Jh. zeigt die Ermordung von Johann ohne Furcht, dem Herzog von Burgund, 1419 in Montereau.

▲ Vor der Erfindung von Maschinen mußten die Bauern nach der Ernte die Körner mit Dreschflegeln aus den Halmen schlagen. Dieses französische Buch des 15. Jh. führt dies vor.

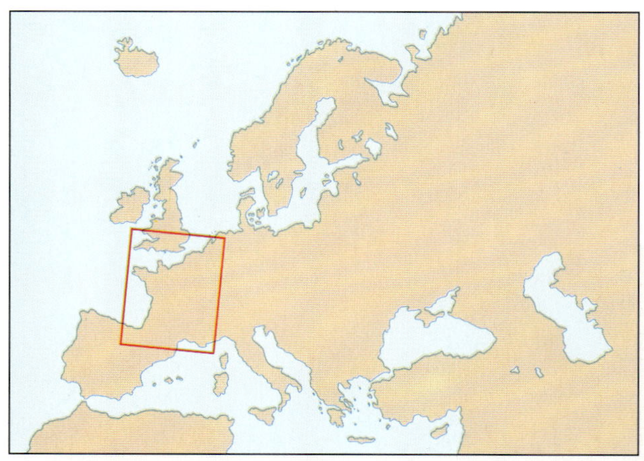

Meter
2000
1500
400
200
0
Wichtiger Ort
Kloster
Burg/Schloß
Universität
Grenze, 13. Jh.
Ärmelkanal
Brügge
Gent
St. Omer
Tournai
Schelde
Arras
Somme
Arques
Corbie
Fécamp
Premontré
Rouen
Beauvais
Aisne
Rethel
Caen
Château Gaillard
Seine
Pierrefonds
Reims
Coutances
St. Clair
Royaumont
Marne
Châlons
St. Pol de Léon
St. Evroult
Paris
Mt. St. Michel
Montfort
St. Brieuc
Sées
Seine
Chartres
Etampes
Troyes
Quimper
Rennes
Les Clairets
Sens
Clairvaux
Le Mans
Orléans
Fleury
Pontigny
Langres
Vannes
Vilaine
Montereau
Angers
Beaulieu
Loire
Flavigny
Loire
Tours
Amboise
Vézelay
Dijon
Nantes
Fontevrault
Cher
Chinon
Citeaux
Loches
Thouars
Bourges
Nevers
Autun
FRANKREICH
La Ferté
Poitiers
St. Maixent
Cluny
Saône
La Rochelle
Charroux
Charlieu
Vienne
Limoges
Clermont-Ferrand
Saintes
Angoulême
Ventadour
ZENTRAL-
Allier
Brive-la-Gaillard
Périgueux
Aurillac
Le Puy
Bordeaux
Dordogne
Castillon
MASSIV
Villandraut
Garonne
Lot
Cahors
Bazas
Mende
Agen
Rodez
Moissac
Uzès
Tarn
Albi
Adour
La Couvertoirade
Nîmes
Dax
Lodève
Bayonne
Auch
Toulouse
Lescar
Montpellier
Maßstab 1 : 4 000 000
0
100 km
Montaner
Carcassonne
Aude
Narbonne
Lourdes
PYRENÄEN
St. Bertrand
Mittelmeer
A
B
C
D
1
2
3
4
5

▶ Das kleine Dorf La Couvertoirade (Südfrankreich) lag auf einer der Routen, auf der die Pilger zum Grab des hl. Jakobus in Compostela (Nordspanien) zogen. Das auf einem Fels errichtete Dorf wurde 1182 von den Rittern des Templerordens eingenommen und im frühen 13. Jh. mit einer Burg befestigt. Der Orden wurde gegründet zum Schutz der Pilger auf ihrem Zug ins Heilige Land oder zu anderen Wallfahrtsorten. Nach der Aufhebung des Ordens (1312) kam La Couvertoirade in die Hand des Johanniterordens, der zum Schutz der Kranken bestand. Die heutigen Mauern und Türme wurden 1439 errichtet – ein schönes Beispiel für ein stark befestigtes Dorf.

▼ Bild aus einem französischen Jagdbuch, verfaßt im späten 14. Jh. von Gaston Fébus, Graf von Foix. Die Jäger, in ihrer Mitte sitzend der Graf, bereiten sich auf eine Wildschweinjagd vor.

Paris im Mittelalter

Der Name von Paris, der heutigen Hauptstadt Frankreichs, leitet sich her vom Volk der Parisier, die vor der römischen Invasion in Gallien in diesem Gebiet lebten. Die früheste Siedlung befand sich auf der größten Insel in der Seine, die mitten durch die heutige Stadt fließt.

Die mittelalterliche Hauptstadt

Nach dem 6. Jahrhundert wuchs Paris langsam über die römischen Mauern und Vororte hinaus. Die Sümpfe um die Seine wurden trockengelegt, man errichtete Klöster, und die Stadt wurde reich. Der Frankenkönig Chlodwig machte Paris 508 zu seiner Hauptstadt, und um die Jahrtausendwende wurde sie die feste Hauptstadt Frankreichs. Die Kathedrale Notre-Dame (Unsere Liebe Frau) wurde im 14. Jahrhundert vollendet.

Viel vom mittelalterlichen Paris wurde im 17. Jahrhundert in der Zeit Ludwigs XIV. zerstört, ebenso als Napoleon 60 neue Straßen im Altstadtbereich anlegte.

▶ Das mittelalterliche Paris. Die beiden Zwillingstürme der Kathedrale Notre-Dame überragen auf dieser Ansicht die Seine-Insel, die »Ile de la Cité«; sie ist durch Brücken mit dem Rest der Stadt verbunden. Frachtkähne brachten die Waren zu den Kais rund um die Insel, und Häuser und Kaufläden säumten die Holzbrücken.

▼ Paris im 14. Jh. Adlige in Begleitung ihrer Diener. Bild aus den Aufzeichnungen Jean Froissarts über Leben und Krieg zu jener Zeit. Die Stadt mit all ihren Häusern und Kirchen ist gut geschützt durch ihre Mauern, Tore und Türme.

Paris

ITALIEN 1

Bis zum Einfall der Langobarden (568) wurde Italien noch als Teil des Römischen Reiches betrachtet. Es war einzigartig im Europa des Mittelalters, daß sein König immer ein Fremder, zunächst ein Langobarde war. Er hatte nach 774 keine Macht mehr über das Gebiet, das wir heute Italien nennen: Im 10. Jahrhundert wurde es von germanischen Herrschern kontrolliert, und einige Städte im Norden — wie Venedig, Mailand und Florenz — blieben unabhängig.

Fünf Großmächte

Die mächtigen Könige von Aragonien, mit Sitz in Katalonien (Nordostspanien), erwarben immer mehr Land: bis zu den Balearen und dann über die Inseln weiter nach Osten. Im 15. Jahrhundert eroberten sie auch das Königreich Neapel.

Anfang des 15. Jahrhunderts gab es in Italien fünf große Herrschaftsgebiete: Der Norden war aufgeteilt zwischen dem Herzogtum Mailand und der Republik Venedig; südlich davon war die Republik Florenz der stärkste Staat in der Toskana; zentral lag das Machtgebiet des Papstes (Rom, vom Papst regiert) und noch weiter südlich das Königreich Neapel.

Mächtige Familien und Republiken

In den Republiken wurde die Macht von einem gewählten Gremium ausgeübt. Dies änderte sich aber mehr und mehr, sobald eine mächtige Person oder Familie auftrat. Mailand z.B. wurde von der Familie der Visconti regiert; die Medici übernahmen die Republik Florenz, und Venedig hatte ein auf Lebenszeit gewähltes Staatsoberhaupt, den Dogen.

Die Kondottieri (Söldner)

Städte, Republiken, Herzogtümer und Königreiche führten oft Krieg. Die Regierungstruppen, die Milizen, schützten die meisten Städte bis ins 14. Jahrhundert. Damals begann man in den Städten, bezahlte Söldner (Kondottieri) in Dienst zu nehmen. Nach dem Krieg war es oft schwierig, sie zu entlassen, und man mußte sie weiterbezahlen — eine Art Erpressung. Ein solcher Söldner war Bartolomeo Colleoni, Generalkapitän der Streitmacht von Venedig, der als steinreicher Mann 1476 starb.

▼ Dieser Plan von Rom wurde 1323 von Paolo di Venezia angefertigt. Er zeigt einige Sehenswürdigkeiten für Reisende, z.B. die Stadtmauer.

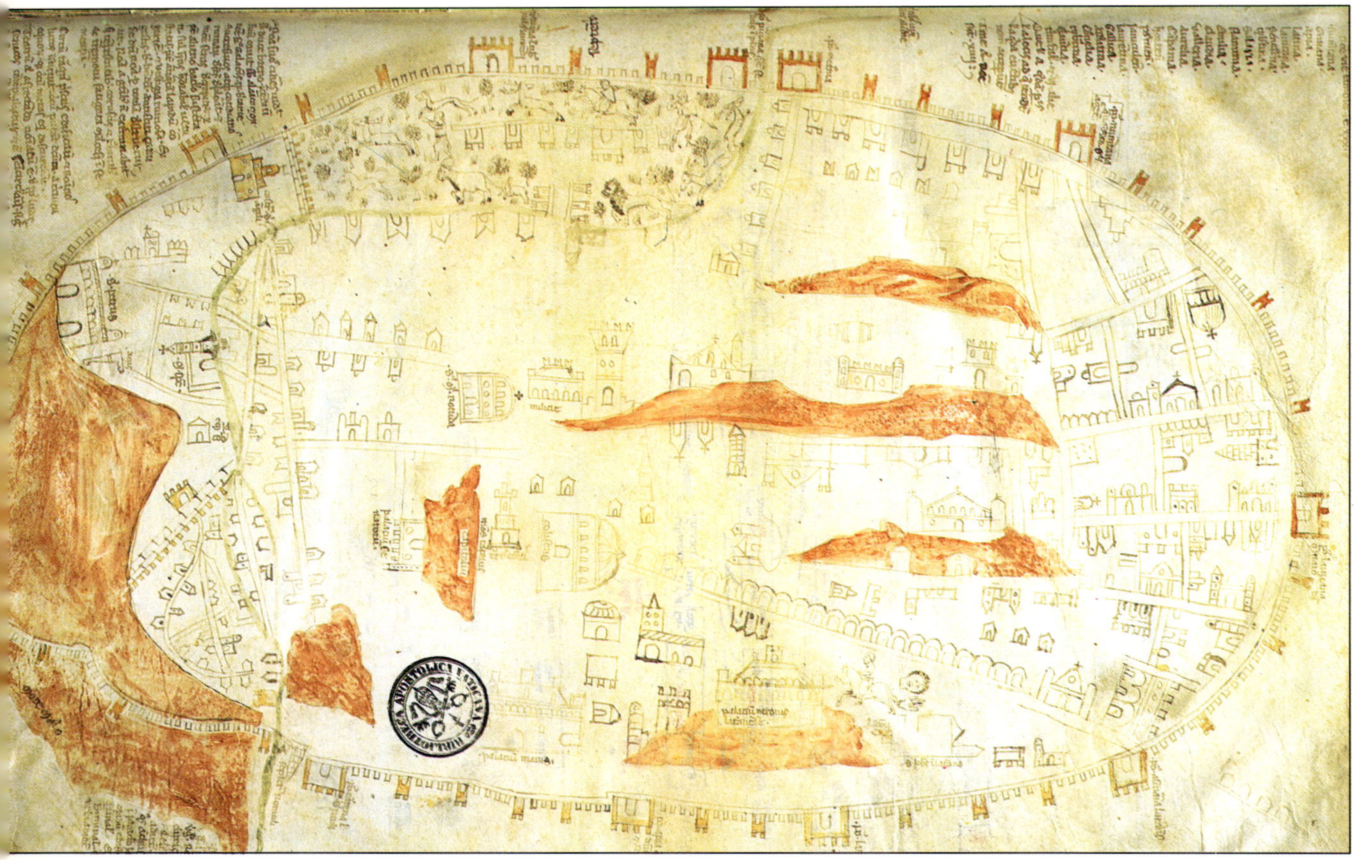

ALPEN
Lago Maggiore
Comer See
Aosta
Como
Gardasee
VENEDIG
Belluno
Treviso
Vicenza
Venedig
Golf von Venedig
Chioggia
Capo d'Istria
Pola
Vercelli
Ticino
Mailand
Brescia
Crema
Mantua
Po
Turin
Asti
Piacenza
Parma
MODENA
Ferrara
FERRARA
Saluzzo
MAILAND
Modena
Bologna
Ravenna
VENEDIG
Genua
GENUA
Ronco
Rimini
Zadar
VENEDIG
Lucca
Florenz
Pisa
Arno
Ligurisches Meer
FLORENZ
PAPST-STAAT
Ancona
Split
San Gimignano
Arezzo
Siena
Trasimenischer See
Perugia
Piombino
Elba
SIENA
Ascoli
VENEDIG
Katar
Bolsenasee
Viterbo
APENNINEN
Mt. Corno 2914
Chieti
Tiber
GENUA
Korsika
Adriatisches Meer
Lago di Bracciano
Ajaccio
Rom
Subiaco
Lesina
Sacco
Pontecorvo
Lucera
Fossonova
Volturno
Benevento
Castel del Monte
NEAPEL
Neapel
Vesuv 1277
Salerno
Porto Torres
Tarent
Brindisi
ARAGONIEN
Straße von Otranto
Sardinien
Otranto
Golf von Tarent
Policastro
Tyrrhenisches Meer
Rossano
Cosenza
Cagliari
Squillace
Ionisches Meer
Ustica
Liparische Inseln
Mittelmeer
Messina
Ägadische Inseln
Palermo
Reggio
Sizilien
Ätna 3323
Straße von Messina
ARAGONIEN
Catania
Sizilische Straße
Agrigent
Syrakus
Pantelleria
6
5
4
3
2
1
C
D
E
F

San Gimignano

Zu den größten Sehenswürdigkeiten der Toskana (Norditalien) zählen heute die auf die Hügel gebauten befestigten mittelalterlichen Städte. Zu ihnen zählt San Gimignano mit seinen mächtigen und leicht zu verteidigenden Türmen. Im 12. Jahrhundert gab es in Italien viele solcher unabhängigen Städte, die das Umland unter Kontrolle hielten. Gegen von Feinden erhobene Ansprüche auf ihr Land mußten sie sich gut verteidigen können.

▲ Der Palazzo del Popolo, erbaut im 12. Jh., war Amtssitz des obersten Verwaltungsbeamten der Stadt.

▼ San Gimignano hatte einst 72 solcher Türme. Das Umland war bekannt für seinen Wein- und Kornanbau und ein Zentrum der Gewinnung von Safran, einem Gewürz.

Herrschaft des Volkes

Im 13. Jahrhundert begann das Volk (»il popolo«) die Herrschaft in den Städten zu übernehmen, die bisher in den Händen von reichen und mächtigen Adligen lag. Die Regierung der Stadt teilten sich nun Rechtsvertreter, Kaufleute und Zünfte wichtiger Gewerbe, z.B. der Stoffhersteller. San Gimignano ähnelte einer mächtigen Burg mit Mauern und Türmen zum Schutz der Stadt. Ebenso bedeutsam in der Stadt zu jener Zeit war der »Palazzo«, der Sitz der Stadtregierung.

Florenz

Florenz unterscheidet sich von vielen anderen Städten der Toskana, denn es ist auf beiden Seiten des Flusses Arno in einer flachen Ebene gebaut. Der Fluß diente der Verteidigung, dem Handel und der Verbindung nach außen.

Florenz im 13. Jahrhundert

Die Stadt kam im 13. Jahrhundert zu hoher Bedeutung wegen der Entwicklung seiner Gewerbe; berühmt war sie z.B. für ihre Tuchherstellung. Die Erzeugnisse wurden nicht nur in andere italienische Städte ausgeführt, sondern auch nach Frankreich. Im späten 13. Jahrhundert kamen in Florenz Ausschüsse an die Macht, die sich aus Mitgliedern der mächtigsten Zünfte oder Verbände von Berufsgruppen und Gewerbezweigen zusammensetzten. Mit ihren Erzeugnissen erwirtschafteten sie ein Vermögen, das um 1290 den Bau einer Stadtmauer ermöglichte.

Regierung der Wenigen – Oligarchie

Die reichsten Bürger, die der Stadtregierung Geld borgten, übernahmen im 14. Jahrhundert schließlich auch deren Befugnisse.

▼ An der schmalsten Stelle des Arno befindet sich der Ponte Vecchio. Eine Brücke ist hier seit dem 10. Jh. bezeugt; sie wurde mitsamt ihren Kaufläden jedoch 1345 neu errichtet, nachdem die alte 1333 vom Fluß weggeschwemmt worden war. Die Geschäfte entlang des Flusses betonen seine wirtschaftliche Bedeutung für Florenz.

Erst im 15. Jahrhundert übernahm die Familie der Medici allein das Ruder. Das jetzt schon reiche Florenz begann andere bedeutende Städte in der Umgebung zu erobern (z.B. 1385 Arezzo und 1406 Pisa).

Handel und Kunst

Florenz war für seine Kunst und Architektur ebenso berühmt wie für sein Gewerbe und seinen Handel: Diese schufen das Vermögen, mit dem so manches der wunderschönen Gebäude bezahlt wurde, z.B. das heute noch bestehende Rathaus.

Nicht nur Architekten fanden Arbeit in Florenz; die Stadt bot vielen anderen Künstlern eine Existenz. So waren Bildhauer, Steinmetze, Glaser, Maler und Goldschmiede an der Ausgestaltung vieler Kirchen und öffentlicher Gebäude der Stadt beteiligt.

Schulen und eine Universität

Die Städte der Toskana, vor allem Florenz, waren für ihre Schulen berühmt. Das Bildungsniveau war hoch; auch der große italienische Dichter Dante (1265–1321), bekannt durch die *Göttliche Komödie,* war Florentiner. Für das Studium der Rechtswissenschaften oder der Medizin mußte man jedoch an die größeren Universitäten wie Bologna gehen. Ab dem 14./15. Jahrhundert förderten einflußreiche Bürger der Stadt die Wiederentdeckung und das Studium der griechischen Klassiker.

▼ Der Dom überragt die mittelalterlichen Gebäude von Florenz. Er wurde 1296 begonnen, aber erst 1436 als Kathedrale »Santa Maria del Fiore« (Heilige Maria von der Blume) geweiht. Aus dem Gebäudekomplex stechen hervor: die 1420 begonnene große Kuppel sowie der 1387 vollendete, marmorverkleidete Glockenturm (»Campanile«).

Genua

Unter den Handelsstädten verfügte Genua mit seinem natürlichen Hafen über einen wichtigen Vorteil; und nach dem Erfolg des 1. Kreuzzuges im 11. Jahrhundert konnte die Stadt ihren Handel noch weiter ausbauen. Mit den hohen Gewinnen ließen sich ihr Hafen und ihre Verteidigungsanlagen vergrößern und erweitern.

Internationaler Handel

Die Lage von Genua an der Nordwestküste Italiens förderte die Handelsverbindungen besonders nach Westeuropa und Afrika. Das wichtigste Importgut aus anderen Städten Italiens, auch aus Deutschland und Spanien, waren Textilien. Dafür handelte Genua mit Farbstoffen aus dem Osten, mit Gewürzen, Duftstoffen und Edelsteinen. In Afrika baute Genua weitere Handelsstützpunkte auf.

▼ Die Porta Soprana mit ihren zwei Türmen ist Teil der 1155 um Genua errichteten Stadtmauer.

Handelsrivalen

Der Genua nächstgelegene Handelsrivale war Pisa; nach dem Sieg über diese Stadt (1284) fielen auch deren Handelsverbindungen in die Hände von Genua. Nicht so leicht zu besiegen war jedoch Venedig, das seit früheren Zeiten Handelsbeziehungen zum Osten, für Konstantinopel sogar ein Monopol besaß. Genua gründete daher Stützpunkte in Asia Minor (heutige Türkei) für den Import von Alaun, der zum Fixieren von Textilfarben diente.

HANDEL

Nur wenige Gemeinschaften können ausschließlich von dem leben, was sie selbst produzieren; sie müssen daher meist Waren von anderswoher einführen: zusätzliche Nahrungsmittel, Stoffe oder Geräte. Manche Güter konnten von benachbarten Dörfern oder nahegelegenen Städten bezogen werden, andere aber mußten über größere Entfernungen herangeschafft werden. Im Mittelalter begannen verschiedene Regionen und Städte, sich auf die Herstellung bestimmter Waren zu spezialisieren, Flandern z.B. auf Wolle. Die meisten Städte entwickelten sich jedoch mehr durch ihren Handel als durch die Herstellung von Waren.

Sicherung der Handelswege

Die Kaufleute hatten für den Schutz ihrer Waren zu sorgen; Gefahren drohten überall. Räuber waren eine wahre Plage im Nordeuropa des 13. Jahrhunderts, und es gab zum Schutz gegen sie kein allgemein gültiges Gesetz für ganz Europa wie noch zu römischer Zeit.

Im Mittelalter konzentrierte sich der Handel vor allem auf das Mittelmeer; die Kreuzzüge ließen Pilger und Kaufleute in den Osten reisen und waren insofern auch für den Zuwachs des Handels verantwortlich.

▼ Der europäische Handel im 14. Jh. Auf der Karte sind nicht alle Landhandelswege eingezeichnet. Du siehst aber, daß viel über die Flüsse transportiert wurde, z.B. nach Paris und Toledo. Die meisten Waren wurden auf dem Wasserweg befördert. Einige Gebiete nutzten ihre Naturschätze (z.B. Wein oder Metall), andere entwickelten sich zu Umschlagplätzen für bestimmte Waren (z.B. Tuch).

Land- und Wasserwege

Große Handelsmärkte wurden in ganz Europa für den Tausch von Gütern eröffnet. Für den Transport nutzten die Händler zunächst meist Packtiere – ein langsames und wegen der stets drohenden Überfälle unsicheres Unterfangen, bei dem nur kleine Warenmengen transportiert werden konnten. Ab dem 14. Jahrhundert setzte man für größere Warenmengen verstärkt Lastschiffe ein. So konnte Getreide z.B. von Sizilien nach Brügge oder Antwerpen verschifft werden.

Handelszentren

Wichtige Handelsprodukte waren u.a. Textilien, Holz und einige Nahrungsmittel wie Korn und Wein. Vor allem zwei Städte Italiens wurden als mächtige Handelszentren bekannt: Genua, das bei seiner günstigen Lage über Land nach Nordeuropa und über Wasser mit dem westlichen und östlichen Mittelmeer Handel trieb, und Venedig, dessen Hafen den Aufbau vieler Handelsrouten ermöglichte.

Im östlichen Mittelmeerraum stehen noch heute die alten venezianischen Festungen zum Schutz der Handelsrouten, vor allem auf dem Festland und den Inseln Griechenlands, insbesondere auf Kreta.

◀ Ab dem 13. Jh. waren Handel und Gewerbe in einer Vielzahl von Zünften organisiert. Mitglieder der Stoffhändler-Zunft in Bologna (Italien) beleben hier die Straßen mit ihren Marktständen.

▼ Als eine der ersten Städte war Genua (Italien) im 12. Jh. bekannt für seine Geldwechsler und Bankiers: Hier werden gerade Geldstücke gezählt, die für die Witwen und Waisen der Stadt bestimmt sind.

DIE BRITISCHEN INSELN

In England bestanden viele Felder und Straßen schon lange vor der Eroberung des Landes durch die Römer (43). Viele andere Völker haben seitdem die Karte Englands verändert; Ortsnamen können oft bis zu den späteren Einfällen der Angelsachsen, Wikinger oder normannischen Siedler zurückverfolgt werden.

Englands Grenzen stehen

Im 13. Jahrhundert war England ein Königreich und gewissermaßen *ein* Staat, denn die Bindung an Frankreich war nun nicht mehr so stark. Der König hatte ein ihn beratendes Parlament geschaffen und bestellte mächtige Adlige im ganzen Land zu seiner Vertretung. Sie kamen aus Grafschaften (z.B. Oxfordshire oder Yorkshire) und aus bedeutenden Städten (z.B. Rochester). Vor dem Einfall der Normannen waren schon Pfarreien als kleinere Verwaltungseinheiten geschaffen worden.

Im Besitz von König und Kirche

Wie die Karte zeigt, waren auch in dieser Zeit einige Gebiete noch ganz in der Hand des Königs oder der Kirche. Fünf Häfen der Südküste, die Cinque Ports (cinq = französisch fünf), hatten besondere Privilegien und Aufgaben: Sie lieferten gegen Steuervergünstigungen Schiffe für die Marine.

Wales und der König

In Wales war die Lage anders; dort hatte kein einzelner Fürst die Macht über das ganze Land. Zwar wollten die Fürsten von Gwynedd (im Norden) die Macht an sich reißen, doch wurden sie durch ein Bündnis zwischen König Eduard I. von England und einigen walisischen Fürsten daran gehindert. Nach 1284 übernahm König Eduard selbst die Macht über Gwynedd und errichtete dort einige Burgen.

Irland

Obwohl König Heinrich II. Irland für sich beanspruchte und viele königstreue normannische Lords dort ansässig waren, konnte England nie die ganze Insel unter seinen Einfluß bringen. Nur Pale, das Gebiet um Dublin, kam unter englische Herrschaft. Die Grenzen des mittelalterlichen Irlands unterlagen in jüngerer Zeit bedeutenden Veränderungen.

◀ Wie eine englische Stadt im Mittelalter aussah, sieht man am besten in York im Norden des Landes. In dem Stadtteil auf dem Bild ragen die Holzhäuser über die Straße, um auf diese Weise mehr Wohnraum zu gewinnen. Der Stadtteil ist heute größtenteils restauriert.

▼ Irland ist seit dem 5. Jh. christianisiert. An vielen Orten wurden christliche Kreuze wie dieses bei Castledermot aufgestellt. Es ist eines der 50 noch erhaltenen Kreuze aus der Zeit vor dem 9. Jh. Es ist reich verziert und stellt das Leiden Christi dar.

◀ Der Engelchor der Kathedrale von Lincoln, einer Stadt mit ca. 4000 Einwohnern in normannischer Zeit. Der Bau wurde im späten 11. Jh. begonnen und ist eine von insgesamt vier normannischen Kathedralen. In England gab es schon neun Kathedralen in sächsischer Zeit. Die Kathedrale von Lincoln wurde nach und nach vergrößert und erst im späten 14. Jh. vollendet.

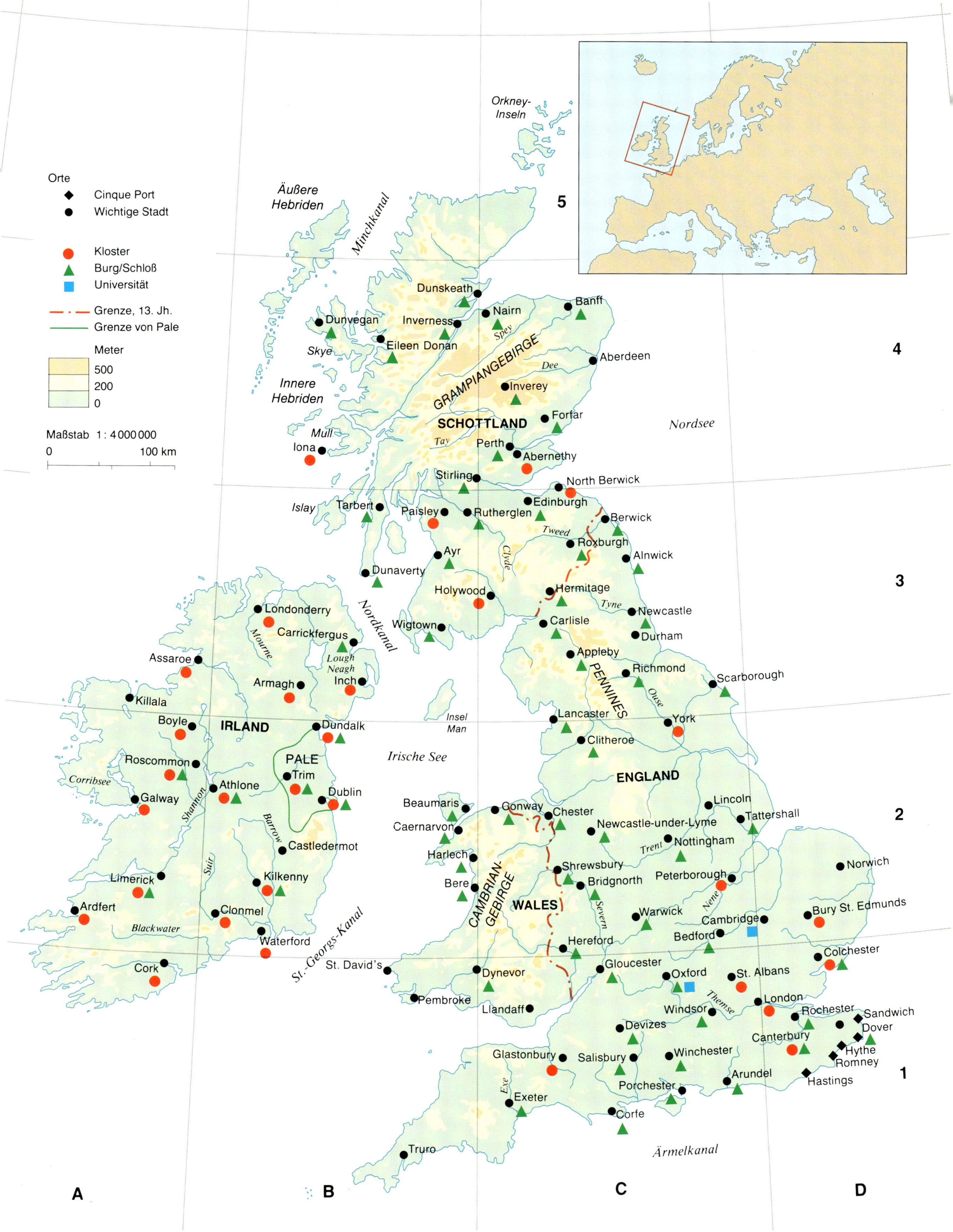

Orte
Cinque Port
Wichtige Stadt
Kloster
Burg/Schloß
Universität
Grenze, 13. Jh.
Grenze von Pale
Meter
500
200
0
Maßstab 1 : 4 000 000
0
100 km
Orkney-Inseln
Äußere Hebriden
Minchkanal
Innere Hebriden
Skye
Mull
Iona
Islay
Dunskeath
Nairn
Banff
Dunvegan
Inverness
Spey
Eileen Donan
GRAMPIANGEBIRGE
Dee
Aberdeen
Inverey
SCHOTTLAND
Forfar
Tay
Perth
Abernethy
Stirling
North Berwick
Edinburgh
Tarbert
Paisley
Rutherglen
Berwick
Tweed
Roxburgh
Ayr
Clyde
Alnwick
Dunaverty
Holywood
Hermitage
Tyne
Newcastle
Wigtown
Carlisle
Durham
Appleby
PENNINES
Richmond
Scarborough
Ouse
Nordkanal
Londonderry
Carrickfergus
Mourne
Lough Neagh
Inch
Assaroe
Armagh
Killala
Boyle
IRLAND
Dundalk
Insel Man
Lancaster
York
PALE
Clitheroe
Roscommon
Trim
Irische See
Corribsee
Athlone
Dublin
ENGLAND
Galway
Shannon
Beaumaris
Conway
Chester
Lincoln
Tattershall
Barrow
Caernarvon
Newcastle-under-Lyme
Castledermot
Trent
Nottingham
Harlech
Shrewsbury
Norwich
Suir
Limerick
Kilkenny
Bere
CAMBRIAN-GEBIRGE
Bridgnorth
Peterborough
Ardfert
Clonmel
WALES
Nene
Bury St. Edmunds
Warwick
Severn
Blackwater
Cambridge
St.-Georgs-Kanal
Bedford
Waterford
Hereford
Colchester
Cork
St. David's
Gloucester
Dynevor
Oxford
St. Albans
Themse
Pembroke
Llandaff
London
Windsor
Rochester
Sandwich
Devizes
Dover
Canterbury
Glastonbury
Salisbury
Winchester
Hythe
Romney
Exe
Arundel
Hastings
Porchester
Exeter
Corfe
Ärmelkanal
Truro
Nordsee
A
B
C
D
1
2
3
4
5

BURGEN

Das Wort für Burg im mittelalterlichen Latein war *castrum* oder *castellum*. Die Römer verwendeten den Begriff für ein militärisches Fort. Solche Befestigungsanlagen bauten später natürlich auch andere Völker: Die Sachsen z.B. errichteten Wachttürme gegen die Dänen und nannten diese Art von Turm *burgus*. Ein solcher stand an der Südküste Englands in Dover, er wurde jedoch später von Burganlagen überbaut.

◀ Burg Curemonte in Brive la Gaillarde (Frankreich) besteht genaugenommen aus zwei Burgen, die von einer Mauer mit runden Türmen umgeben sind (14. Jh.).

Von mächtigen Herrschern erbaut

Eine Burg gewährte Sicherheit und diente den Bewohnern sowie der Bevölkerung im Umland oft als Zufluchtstätte. Die Lage für eine Burg wollte sorgfältig gewählt sein; am besten eigneten sich die in der Landschaft selbst schon geschützten Stellen, z.B. ein hoher Bergkamm mit steil abfallenden Felsen. Man mußte reich und mächtig sein, um eine Burg zu errichten.

Oft baute ein König Burgen zur Sicherung seiner Macht über das Land; und wenn er sein ganzes Gebiet nicht allein kontrollieren konnte, übergab er Ländereien an Adlige seines Vertrauens. Der französische König *verlieh* Land und Herrschaftsrechte; dies nannte man Lehen. Dafür schworen die Herzöge oder Ritter dem König die Treue und unterstellten ihm ihre Soldaten.

Burgen aus Holz und Erde

In einigen Teilen Europas baute man schon im 10. Jahrhundert Burgen aus Holz (Wände, Tore, Gebäude) und Erde (z.B. die äußeren Schutzwälle). Solche einfachen Burgen nennt man Motten.

Hierfür wurde ein großer Erdwall aufgeworfen und darauf ein Holzbau errichtet: der Bergfried, der bestverteidigte Ort der Burg. Um ihn herum lag ein Hof, umgeben von Befestigungswerken aus Erde und Holz – hier lebten die Bewohner. Einige Burgen besaßen einen inneren Hof (um den Bergfried) und einen weiteren äußeren, der wiederum durch eine starke Mauer und Wachttürme nach außen geschützt war.

... und Burgen aus Stein

Nach 1150 wurden kaum noch Burgen aus Holz und Erde errichtet; die Verwendung von Stein ermöglichte wesentlich stärkere und dauerhaftere Anlagen, so teuer sie auch waren. Die Steinburg von Dover in England aus dem späten 12. Jahrhundert kostete etwa 21 000 Mark – für die damalige Zeit eine beträchtliche Summe. Für die Sicherheit ihrer Bewohner war die Steinbauweise nur von Vorteil.

Burgen wurden von Königen oder einzelnen Lords zum Schutz ihrer Interessen errichtet oder um eine Garnison einzuquartieren. Sie dienten aber auch zum Wohnen. Die Burg war ein befestigtes Heim nicht nur für den Ritter, sondern auch für seine Familie, seine Bediensteten, seine Handwerker und Soldaten. In unruhigen Zeiten wurde der Burghof – ohnehin schon voll mit Gebäuden und Vieh – vorübergehend zum Zufluchtsort für die Bewohner der umliegenden Dörfer.

▼ Rekonstruktion einer Motte in Abinger (England). Auf dem von den Normannen im 11. Jh. aufgeschütteten Erdwall steht ein Wachtturm aus Holz.

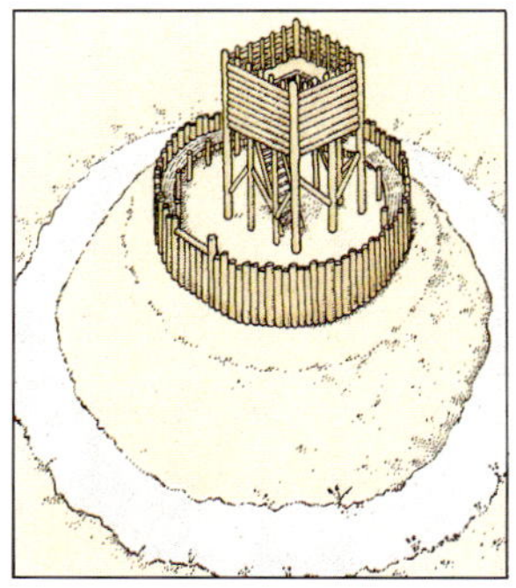

▼ Frangocastello (Kreta), von den Venezianern 1371 zum Schutz ihrer Handelsrouten erbaut.

▲ Zuerst errichteten die Normannen bald nach der Schlacht bei Hastings (1066) eine Motte bei Rochester (Kent) zur Sicherung und Verteidigung des Flusses Medway. An derselben Stelle begann um 1087 Bischof Gundulf mit dem Bau der großen Kathedrale und der späteren Steinburg (siehe Bild).

▶ Der Bergfried von Burg Rochester ist einer der größten Englands. Der riesige Bau mit seinen drei Stockwerken und Zinnen wurde 1127 begonnen. Auf ebener Erde gibt es keine Tore, Angreifer mußten an den Wachttürmen und Fallgittern vorbei. Auf verschiedenen Stockwerken verteilt befinden sich Schlafräume, Aborte, Speisesäle sowie eine Kapelle. Ein Brunnen im Bergfried sorgte für Trinkwasser.

AUF DEM LAND

Meist holen wir heute unsere täglichen Nahrungsmittel aus dem Supermarkt; einiges kommt dabei vielleicht aus der ländlichen Umgebung, das meiste jedoch aus dem Ausland. Die mittelalterliche Landbevölkerung aß jedoch nur die Erzeugnisse des eigenen Bodens.

Im mittelalterlichen Europa befand sich das Land meist im Besitz von Königen. Treue Adlige wurden von diesen mit dem Verfügungsrecht ihrer Ländereien belehnt. Diese wiederum ließen den Boden von Pächtern bewirtschaften und forderten von ihnen entweder jährliche Pachtgebühren oder einen Anteil der Erzeugnisse, den sog. Zehnten.

◀ Die Jagd mit dem Falken war bei Adligen ein verbreiteter Sport. Das Bild zeigt Falkner mit festen, ledernen Stulpenhandschuhen. Die Darstellung stammt aus einem Buch über die Falknerei, angefertigt Mitte des 13. Jh. für König Manfred von Sizilien.

▶ Dieses Bild aus einem französischen Buch ist etwa von 1411 und stellt den Monat März dar. Solche Bilder verschaffen uns mehr Klarheit über das Leben auf dem Land, wenn sie zu den archäologischen Funden und Dokumenten hinzugezogen werden. Der Mann im Vordergrund pflügt mit zwei Ochsen, die Felder sind klein. Sie wurden oft in schmale Parzellen aufgeteilt, so daß jede Familie nur über wenig Boden besserer und schlechterer Qualität verfügte. Auf den Feldern weiter hinten stützen Winzer die Reben für die Weinernte.

Volle Nutzung des Bodens

Wieviel Land eine Familie bearbeiten konnte, hing natürlich vom Land und seiner Beschaffenheit ab. In England konnte eine Familie mit 12 Hektar Ackerboden verhältnismäßig gut von den eigenen Erträgen leben. Andere Familien mußten auch mit der Hälfte auskommen.

Neben dem Anbau von Feldfrüchten durften die Bauern ihre Tiere auch auf Wiesen und unbewirtschaftetem Boden weiden lassen. Ein paar Stück Vieh besaßen auch die meisten: Schafe, Schweine oder Hühner und einen Ochsen oder ein Pferd zum Pflügen. Ferner hatten sie das Recht, z.B. Torf zum Decken der Dächer und zum Verbrennen zu stechen und Holz, Nüsse und Beeren oder Farn für die Betten und als Futter für die Tiere zu sammeln.

Jagen und Fischen

Für die Bauern, die allein von den Erträgen des Bodens leben mußten, war das Recht zu fischen, Aale und Frösche oder Vögel zu fangen, lebensnotwendig. In einigen Teilen Europas war Wild ein fester Posten auf dem Speiseplan. Aber auch Fisch hatte hierbei einen wichtigen Anteil. Klöster, Burgen und Gutshöfe verfügten meist über eigene Teiche, um die regelmäßige Versorgung mit frischem Fisch sicherzustellen.

Für die Reichen war die Jagd ein vergnüglicher Sport, man konnte sich dabei auch gesund und in guter Form für den Krieg halten. Die Jagdgebiete waren geschützt und bewacht, um hungrige Tiere und Unbefugte fernzuhalten; Wilderer wurden gnadenlos und hart bestraft.

◀ Eine Erfrischung gehörte nach einem Jagdtag dazu. Beachte die Hunde, Pferde und Jagdhörner. Dieses und das Bild rechts stammen aus dem 1387 in Frankreich von Gaston Fébus geschriebenen *Buch der Jagd*.

▶ Gaston Fébus war ein Experte der Jagd mit Hunden auf Hirsche und Keiler. Er benutzte auch Netze zum Fangen von Hasen und Füchsen; hier werden gerade einige aus Schnur gefertigt. Zum Fang der unterschiedlichsten Vogelarten – von Singvögeln bis zu Tauben – wurden wesentlich feinere Netze benötigt.

SPANIEN UND PORTUGAL

Ein Teil der Geschichte Europas im Mittelalter besteht aus dem Kampf zwischen den beiden großen Glaubensrichtungen Christentum und Islam. Ein Großteil dieses Streits wurde auf dem Gebiet des heutigen Spanien und Portugal ausgetragen.

Ein islamisches Mittelmeer
Als der islamische Prophet Mohammed 632 starb, kontrollierten die Muslime Arabien im Osten des Roten Meeres. Sie zogen im 7. Jahrhundert im Norden weiter ins Heilige Land und im Osten entlang des Persischen Golfs und des Arabischen Meeres. Auch Nordafrika eroberten sie und erreichten 709 Ceuta (bei Gibraltar). Von hier aus zogen sie gegen Europa, und um 750 hatten sie Portugal, einen Großteil Spaniens und Teile Südfrankreichs besetzt.

Rückeroberung durch die Christen
Die Christen hielten nur ein kleines Gebiet in Nordspanien und konnten erst Mitte des 11. Jahrhunderts die Muslime erfolgreich schlagen. Sie nannten diesen Kampf *Reconquista* (Rückeroberung), was dann tatsächlich im späten 11. und Anfang des 13. Jahrhunderts gelang: Das Land wurde den Muslimen entrissen und von den neuen Eroberern eingenommen. Die Muslime durften, zumindest bis ins 16. Jahrhundert, in den neuen Königreichen leben.

Orte
◆ Christliches Zentrum
● Wichtige Stadt

● Kloster
▲ Burg/Schloß
■ Universität

—·— Grenze, 14. Jh.

▼ Avila im Königreich Kastilien, heute Spanien. Die eindrucksvolle Mauer wurde errichtet nach der Befreiung der Stadt von den Muslimen (spätes 11. Jh.). Die Stadtmauern sind 12 Meter hoch und von riesigen Rundtürmen und acht Toren geschützt. Ursprünglich war die Stadt von den Römern gegründet worden; viele ihrer Bauwerke wurden als Fundament für die neuen Festungsanlagen verwendet.

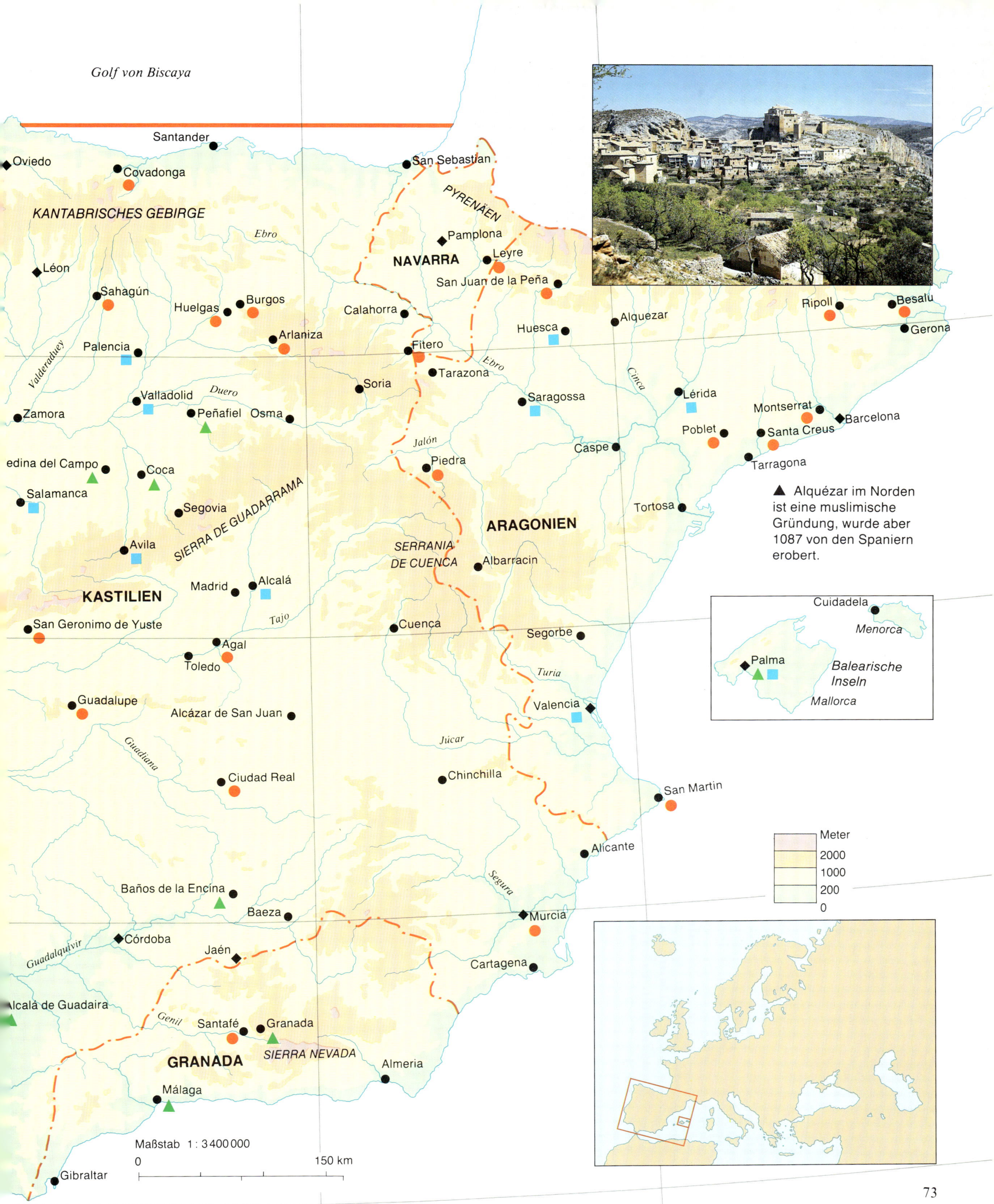

▲ Alquézar im Norden ist eine muslimische Gründung, wurde aber 1087 von den Spaniern erobert.

LANDKARTEN

Nach unserem Wissen wurden die allerersten Landkarten um 3200 v. Chr. von den Sumerern im Nahen Osten angefertigt. Auch die Griechen stellten welche her, und diese dienten den frühen Kartenherstellern des Mittelalters als Grundlage.

Ptolemäus – ein griechischer Kartograph

Im 2. Jahrhundert schrieb Ptolemäus, der aus der griechischen Stadt Alexandria in Ägypten stammte, seine *Geographie*. Im 13. Jahrhundert wurde das Werk in Abschriften vervielfältigt und 1406 ins Lateinische übertragen.

▼ »EVROPA MVNDI PARS QVARTA« – »Europa, ein Viertel der Welt«. Teil eines etwa 1120 in Latein verfaßten Buches mit dem Titel *Liber Floridus*. Der Verfasser glaubte, die Welt sei in vier Kreisviertel geteilt.

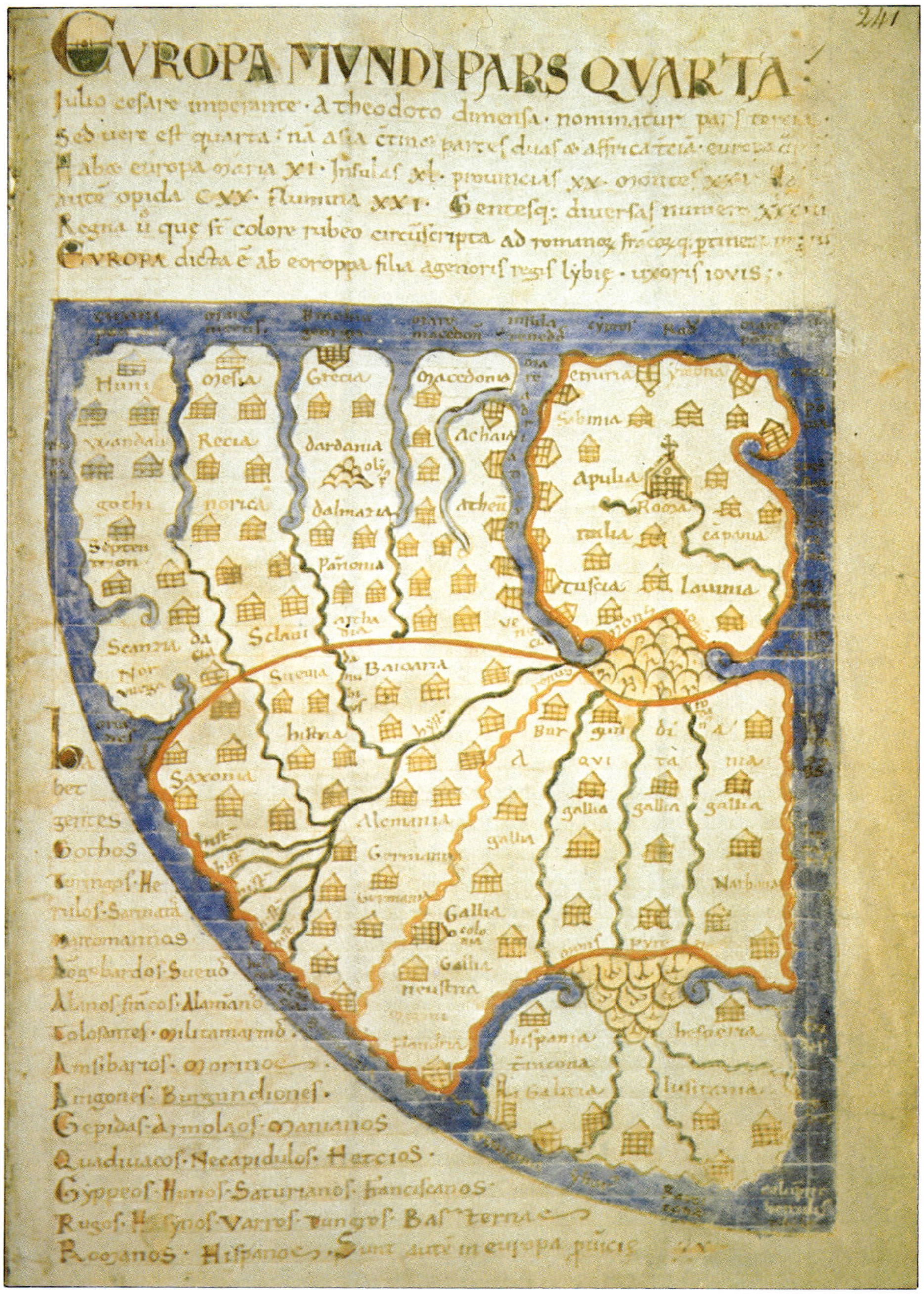

Seekarten und Atlanten

Das Werk des Ptolemäus wurde, zusammen mit speziell gezeichneten Karten, 1477 in Italien gedruckt. Davor hatte es aber schon im 13. Jahrhundert neue und ausführliche Karten in Europa gegeben, wichtig vor allem für die Seefahrt. Der magnetische Kompaß wurde seit dem späten 12. Jahrhundert genutzt. Die Seekarten, der Kompaß und das Astrolabium (s. S. 48) erforderten Mathematikkenntnisse, um den richtigen Kurs zu berechnen. Die älteste uns erhaltene Kartensammlung wurde 1375 für König Karl V. von Frankreich hergestellt.

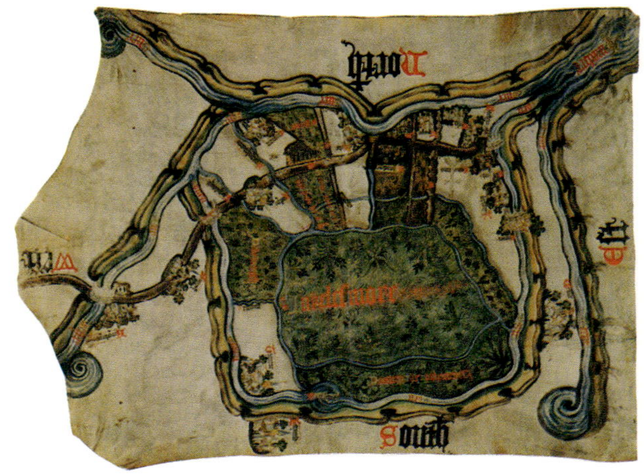

▲ Eine bebilderte Karte vom Inglemoor, England (1405). Sorgfältig wurden auf ihr die Himmelsrichtungen, Flüsse, Brücken, Dörfer, Felder und das Moor selbst im Zentrum eingetragen. Die Landkarte diente einer Gerichtsanhörung zur Feststellung des Grundeigentums.

Spezialkarten

Für Kaufleute aus den Handelszentren wie Venedig und Genua wurden im 14. Jahrhundert Spezialkarten angefertigt. Der Mittelmeerraum war daher sehr gut erfaßt. So schrieb 1320 Marino Sanudo aus Venedig über die schwierige Rückeroberung des Heiligen Landes von den Muslimen; er ließ das Buch dem Papst zukommen mit einem Satz Karten von Pietro Visconte.

Weltkarten

Im 15. Jahrhundert konnten Karten durch die Erfindung des Buchdrucks leicht durch Holzschnitte oder Kupferstiche hergestellt werden. Es war das Jahrhundert der Entdeckungsreisen, und so waren auch neue Karten für die größer gewordene Welt erforderlich. Portugal entsandte als erstes Land Europas seine Schiffe über die Meere in neue Länder, die vorher auf keiner Karte erfaßt waren.

◄ Kartographen (Kartenhersteller) bei der Arbeit. Sie vermessen vom Schiff aus die Küste. Die Westküste Afrikas wurde von einem venezianischen Kartographen 1448 erfaßt; die vom Fürsten Heinrich dem Seefahrer ausgeschickten portugiesischen Kapitäne hatten jedoch schon 17 Jahre zuvor diese Küste erreicht.

▼ Diese Seekarte mit einem Teil Westeuropas wurde 1497 von Freducci d'Ancona hergestellt. Die Länder sind gut zu erkennen, die Küsten wurden sauber umrissen. Das Landesinnere wird nicht genau wiedergegeben. Vergleiche diese Karte mit jener des heutigen Europa am Anfang des Buches (Seite 8).

REISE NACH COMPOSTELA

Im Mittelalter unternahmen Pilger oft weite Reisen in Europa und zeigten damit ihre Verehrung für die sterblichen Überreste vieler Heiliger – dies in der Hoffnung auf die ihnen zugeschriebene Heilkraft und eine Vergebung ihrer Sünden.

Gefährliche Reisen

Viele Pilger glaubten wohl, die Gefahren dieser weiten Reisen seien schon Strafe genug für ihre Sünden. Jerusalem war ein vielbesuchter Ort, aber nach seiner Eroberung durch die Muslime (638) kamen andere heilige Stätten in Mode. Ab dem 11. Jahrhundert pilgerte man in organisierten Gruppen – Chaucer berichtet davon in seinen *Canterbury-Erzählungen*.

Das Grab des hl. Jakobus

Die wichtigsten Heiligtümer waren die Gräber der Apostel Christi. Ein um 830 in Compostela (Nordspanien) entdecktes Grab schrieb man dem Apostel Jakobus zu; es wurde eine Kirche erbaut, und spanische Pilger begannen diesen Wallfahrtsort zu besuchen. Die Nachricht von der Entdeckung dieses Grabes verbreitete sich rasch, und Ende des 11. Jahrhunderts bekam der Bischof von Iria vom Papst die Weisung, seinen Hauptsitz dorthin zu verlegen.

Von Frankreich aus gab es für die Pilger vier Hauptwege nach Compostela, aber die Menschen kamen von noch viel weiter dorthin. An den Wegen entstanden Klöster, und Dörfer wie Städte wurden durch diese mittelalterliche Form von Tourismus reich.

▶ Drei der größten Pilgerrouten durch Frankreich trafen sich in Ostabat. Im Mittelalter blühte dieser Ort und beherbergte viele Pilger. Heute ist Ostabat ein ruhiges Dorf.

▶ Diese Kirche in Conques (Frankreich) wurde Mitte des 11. Jh. auf der Route von Le Puy nach Ostabat errichtet. In Conques wurde ein heiliggesprochenes Kind verehrt.

▼ In Santillana an der Nordküste Spaniens wurde diese Kirche im romanischen Stil erbaut. Diese Form der Architektur war im späten 11. und im 12. Jh. weit verbreitet und ahmte den römischen Baustil nach.

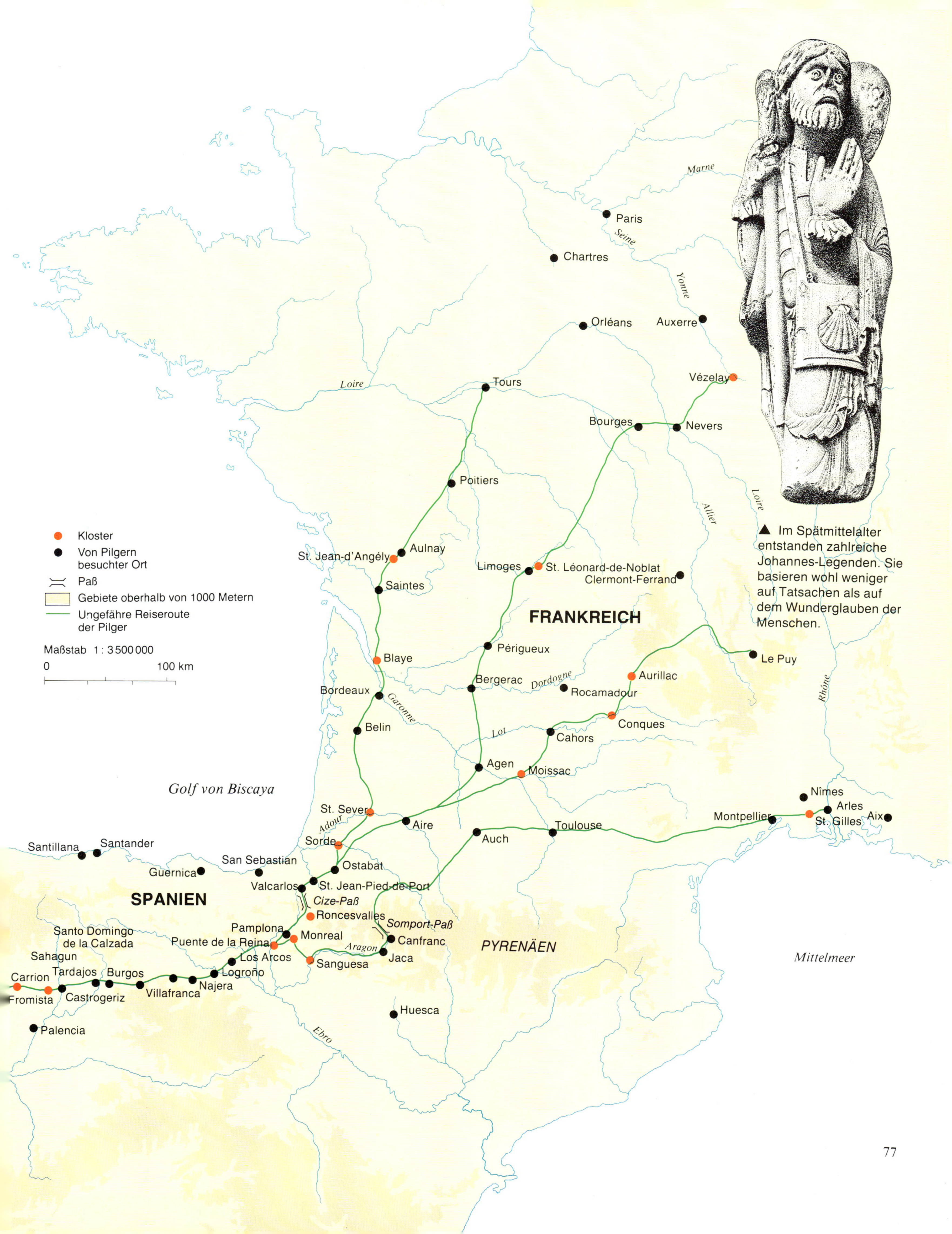

▲ Im Spätmittelalter entstanden zahlreiche Johannes-Legenden. Sie basieren wohl weniger auf Tatsachen als auf dem Wunderglauben der Menschen.

SCHWEIZ, DEUTSCHLAND UND DIE NIEDERLANDE

Einige Teile Europas erfuhren im Mittelalter eine geschichtliche Entwicklung, die nicht mit dem bestehenden großen Römischen Reich zusammenhing. Das Deutsche Reich bzw. das Heilige Römische Reich Deutscher Nation blickte allerdings zurück auf die römischen Traditionen und versuchte, an diese anzuknüpfen.

Entwicklung eines Reiches

Das Deutsche Reich stand nicht völlig unter der Herrschaft eines Kaisers. Das 14. Jahrhundert war in Europa eine Zeit großer Veränderungen, und im Deutschen Reich lag die Macht in den Händen einiger Adelsfamilien. Insbesondere zwei sind hier zu nennen: die Luxemburger (1346—1437) und die Habsburger (ab 1438). Einige Staaten und Städte, die sich als »frei« bezeichneten, zählten jedoch ebenso zum Reich.

Die Regierung eines großen Gebiets

Einige adlige Familien beanspruchten den Thron des Reiches, und es gab oft Kämpfe zwischen mächtigen Parteien. Der Kaiser wurde von den Kurfürsten gewählt und hatte sowohl diese als auch die unabhängigen Städte und Staaten unter seinem Einfluß zu halten, wollte er nicht die Kontrolle über das ganze Reich verlieren.

Die Schweiz

Vor allem dieses Gebiet zeigt, wie kompliziert das Reich aufgebaut und damit auch zu regieren war. Die Schweiz war seit dem 11. Jahrhundert Teil des Deutschen Reiches und stand unter der Herrschaft adliger Familien. 1291 kam ein Bündnis zustande zwischen unabhängigen Gebieten und blühenden Städten; es zeigte sich mächtig und scheute sich nicht, seine Armee gegen die deutschen Fürsten einzusetzen. Dennoch blieb die Schweiz Teil des Deutschen Reiches.

Die Niederlande

Ein weiteres Beispiel für den komplizierten Aufbau des Reiches kann man in den Ländern entlang der Nordsee sehen. Flandern gehörte zum französischen Königreich, kam jedoch wie Brabant (1404) unter den Herzog von Burgund. Mitte des 15. Jahrhunderts waren die Herzöge von Burgund sehr reich und mächtig geworden. Ihr Gebiet reichte von der Grenze der Schweiz bis nach Holland im Norden. Der Handelshafen von Antwerpen wurde von ihnen aufgebaut.

▲ Steinbrücke aus dem 12. Jh. über die Donau in der Domstadt Regensburg.

▶ Das Toplerschlößchen im Rosenthal bei Rothenburg. Dieser befestigte Turm bewachte die Mühlen der Stadt.

▼ Rothenburg wurde mitsamt seiner Stadtmauer im 14. Jh. neu errichtet.

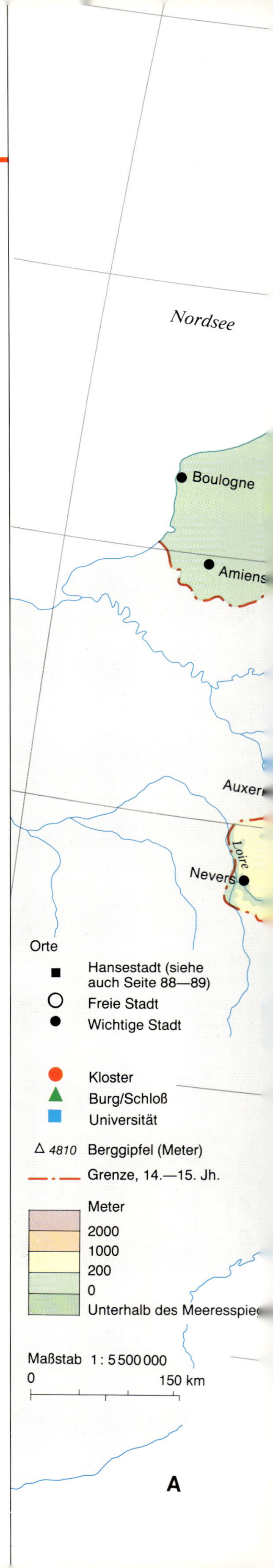

HL. RÖMISCHES REICH
DEUTSCHER NATION
Ostsee
Kiel
Rostock
Greifswald
Ritzebüttel
Lübeck
Hamburg
Groningen
Stettin
Oldenburg
Bremen
Elbe
Havelberg
Oder
Aller
Deventer
Osnabrück
Hannover
Utrecht
Ems
Brandenburg
Frankfurt
Münster
Herford
Goslar
Quedlinburg
Elbe
Paderborn
Dortmund
Antwerpen
Maas
Essen
Leipzig
Breslau
Brüssel
Löwen
Köln
Meißen
Luban
Erfurt
Zeitz
Aix
Marburg
Rhein
Weser
SUDETEN
Stablo
Fulda
Oder
Cambrai
Koblenz
ARDENNEN
Mosel
Frankfurt
Königgrätz
Main
Schweinfurt
Waldsassen
Prag
Trier
Heidelberg
Würzburg
Rethel
Luxemburg
Olmütz
Toplerschlößchen im Rosenthal
Moldau
BÖHMER-
WALD
Speyer
Brünn
Metz
Trifels
Rothenburg
Regensburg
Budweis
Bar
Schwäbisch
Gmünd
Nördlingen
Ingolstadt
Straßburg
Tübingen
Passau
Donau
VOGESEN
Alpirsbach
Augsburg
Wien
Münster
SCHWARZ-
WALD
Donau
München
Buchau
Luxeuil
Waidhofen
Salzburg
Konstanz
Rhein
Basel
Lindau
Inn
Doubs
Besançon
Zürich
Beaune
Innsbruck
Großglockner
3798
Mur
Bern
Chur
Gurk
JURA
Saône
Mâcon
Lausanne
Disentis
Brixen
Drau
Rhône
ALPEN
DOLOMITEN
Genfer See
Sierre
Lago Maggiore
Genf
Adige
Sawe
Rhône
Matterhorn
4478
Comer See
Trient
Mt. Blanc
4810
Aosta
Gorizia
Como
Gardasee
Mailand
Vicenza
Turin
Piacenza
Po
Po
Modena
Adriatisches
Meer
Genua
APENNINEN
Rhône
Durance
Arles
Arno
Aix
Monaco
Ligurisches
Meer
Pisa
Florenz
Siena
Mittelmeer
6
5
4
3
2
1
B
C
D

ALLTAGSLEBEN

Im Mittelalter war das Leben für die meisten sehr hart, in der Stadt vielleicht noch härter als auf dem Land. Trotz großer Armut und vieler Krankheiten war eine starke Bevölkerungszunahme zu verzeichnen: Um 950 wird es in Westeuropa etwa 22 1/2 Millionen Menschen gegeben haben, Mitte des 14. Jahrhunderts waren es schon doppelt so viele.

▲ Diese Holzschnitzerei aus der Kirche in Fairford (England) zeigt einen Ehemann, der von seiner Frau verdroschen wird. Sie findet sich auf einer Miserikordie. Diese Gesäßstützen im Chorgestühl waren in langen Gottesdiensten eine Wohltat für die Geistlichen. Oft sind sie – wie hier bei unserem Beispiel – mit humorvollen Schnitzereien verziert.

Städte

Obwohl die meisten Menschen auf dem Land wohnten, entstanden in jener Zeit viele Städte. Für unsere heutigen Verhältnisse waren sie jedoch nicht sehr groß: Die größeren, wie z.B. Hamburg und London, hatten im 14. Jahrhundert etwa 20000 bis 40000 Einwohner. Mehr als 100000 lebten nur in sehr wenigen Städten, z.B. in Paris, Mailand und Venedig. So krasse Unterschiede zwischen Stadt und Land wie heutzutage gab es damals nicht: Viele besaßen Gärten, bebauten Felder und hielten Vieh innerhalb der Stadtmauer.

Spuren von Alltagsleben

So, wie uns einiges über das Leben der einfachen Leute in Schrift und Bild festgehalten wurde, können wir auch viel aus archäologischen Funden erfahren. Da fanden sich z.B. Lederschuhe, die in einen Brunnen geworfen wurden, nachdem sie abgetragen waren. Jedermann benutzte im Mittelalter Tongefäße — zum Aufbewahren von Sachen, als Koch- und Eßgeschirr. Tonscherben sind sehr haltbar.

Handwerksbetriebe

Meist fanden sich die Handwerksbetriebe in den Städten. Fachwerkstätten (keine Fabriken!) wurden oft dort gegründet, wo Rohstoffe vorhanden waren. So wissen wir, daß spätestens ab dem 8. Jahrhundert in Köln Töpfe hergestellt wurden. Fast alles entstand in Handarbeit. Handwerker schnitzten Tierknochen und Hörner zu vielerlei Gegenständen, z.B. zu Spielsteinen, Kämmen, Knöpfen, selbst zu Kufen von Schlittschuhen. Wo es nur möglich war, setzte man auch Maschinen ein. Spinnräder und Uhren wurden schon im Mittelalter erfunden. Auf dem Land erzeugte man Kraft durch Wind- und Wassermühlen, die dann z.B. zum Sägen von Holz und bei der Tuch- und Papierherstellung eingesetzt wurde.

◀ Eine Hausfrau oder Köchin am Holzfeuer in einer deutschen Küche. (Beachte ihren Schlüsselbund!) In dem Eisenkessel wird die tägliche Suppe oder der Eintopf aus Gemüse und Fleisch gekocht.

▼▶ Das Geld für Buntglasfenster in den Kirchen kam oft von den Zünften (rechts). Tuchmacher haben diese Fenster mit der Darstellung des Kardierens (Kämmens) des Tuches und Schneidens des Flors (der rauhen Oberfläche) anfertigen lassen.

In jeder Stadt gab es viele kleine Handwerksbetriebe, Geschäfte und Stände (unten). Diese Szene spielt im frühen 16. Jh. in einer deutschen Stadt.

Zünfte

Die Handwerksmeister eines Gewerbezweiges schlossen sich für gewöhnlich zu Zünften zusammen. Jede Zunft setzte eigene Regeln fest für die Arbeitsweise, den Verkauf und die Einarbeitung der Lehrlinge. Die Zunftordnungen betonten immer die Wichtigkeit der religiösen Pflichten ihrer Mitglieder. Ähnlich wie entsprechende moderne Einrichtungen sorgten auch sie in unruhigen Zeiten oder Notlagen für ihre Mitglieder und deren Familien. Die Zünfte konnten sehr mächtig sein und spielten in der Politik einiger Städte eine wichtige Rolle.

BÖHMEN, UNGARN, GRIECHENLAND UND DER BALKAN

Das riesige Gebiet auf der Karte rechts ist fast sechsmal so groß wie die Bundesrepublik. Seine Geschichte ging im Mittelalter aus zwei Gründen recht verschlungene Wege: Zum einen war es ständig dem Einfluß westeuropäischer Könige, Staaten und Städte ausgesetzt, zum anderen kamen ihnen die Grenzen des muslimischen Reiches unter den türkischen Osmanen allmählich näher.

Bedrohung durch die Osmanen

Die türkischen Osmanen beherrschten Anfang des 14. Jahrhunderts nur ein kleines Gebiet am Südufer des Schwarzen Meeres. Im Laufe des 14. und 15. Jahrhunderts kontrollierten sie schon Kleinasien, Griechenland und einen Teil der Balkanländer. 1453 nahmen sie Konstantinopel ein, die Hauptstadt des Ostreiches. Da sie Krieger mit Leib und Seele waren, war es für ihre riesigen und stets einsatzbereiten Heere ein leichtes, die geteilten gegnerischen Kräfte der westeuropäischen Fürsten zu bezwingen.

Griechenland und die Balkanländer

Viele Parteien kämpften in diesen Ländern gegen den Vorstoß der Muslime, doch in gleichem Maß befehdeten sie sich untereinander. Der Johanniter-Ritterorden verteidigte die Insel Rhodos. Die Venezianer und Genuesen besaßen Gebiete in Griechenland und Kleinasien. Diese Tatsache hielt die Muslime zwar zurück, doch waren diese Städte mehr am Handel interessiert als an der Errichtung eines neuen christlichen Reiches im Osten. Im 14. Jahrhundert bekämpften sie sich daher meist gegenseitig.

Andere westliche Mächte waren ebenfalls an dieser Region interessiert, sie waren jedoch nicht stark genug. Der König von Aragonien nahm 1282 Sizilien ein, später gewannen die Katalanen Athen mit weiten Teilen des Umlands. Und für einige Zeit kontrollierten die Franzosen Gebiete in Griechenland und im Norden bis Ungarn. Die Verhältnisse waren ständigen Veränderungen unterworfen.

Böhmen

Im Norden des von Muslimen wie Christen umkämpften Gebietes lag das mächtige Königreich Böhmen, in dem sich die Tschechen bis ins 14. Jahrhundert unter eigenem König selbst regierten. Der böhmische König hatte damals in Mitteleuropa großen Einfluß und konnte einige Nachbarstaaten wie Ungarn und die Lausitz hinzugewinnen. Zusammen mit den sechs deutschen Kurfürsten wählte er den Herrscher des Deutschen Reiches, und im frühen 14. Jahrhundert regierte er sogar über Polen. Die erste Universität des Deutschen Reiches wurde nicht von ungefähr 1348 in Prag gegründet.

◀ Das reichverzierte Portal der Klosterkirche von Ják im Westen Ungarns. Es stammt aus dem 13. Jh.; nach dem Einfall der Mongolen (1241) wurde die Kirche wieder aufgebaut.

▼ Die Burg des Johanniter-Ritterordens auf Rhodos (Griechenland). Nachdem der Orden aus Akkon im Heiligen Land vertrieben worden war, unternahm er von Rhodos aus Feldzüge gegen die Muslime (1310–1522).

Luckau
LAUSITZ
Glogau
Luban
Breslau
SUDETEN
Oder
SCHLESIEN
Eger
Prag
Elbe
Königgrätz
Ratibor
BÖHMEN
Olmütz
Klattau
Iglau
Moldau
Budweis
Sillein
Saros
Lelesz
Preßburg
Neutra
Donau
Eger
Szatmar
Siret
Dnjestr
Gran
Ofen
UNGARISCHES
Oradea
Sereth
Iasi
Ják
Plattensee
KARPATEN
Klausen-
burg
MOLDAU
Kalocsa
UNGARN
TIEFLAND
Belgorod
Pécs
Mieresch
Karlsburg
Zagreb
Drau
Csanad
Focsani
Kilia
Sawe
Djakovar
SÜDKARPATEN
Donau
Senj
Dubica
Armenis
DALMATIEN
DINARISCHE
ALPEN
Belgrad
Tumu Severin
WALACHEI
Bukarest
Zadar
Srebrenica
Moraw
Sarajevo
Donau
Silistra
Widin
Schwarzes Meer
Sibenik
Split
Nicopolis
BOSNIEN
Nis
BULGARIEN
Warna
Wichtiger Ort
Durmitor
2522
Novi Pazar
Isker
Sofia
BALKANGEBIRGE
Burgas
Dubrovnik
MONTE-
NEGRO
Pec
SERBIEN
Kloster
Burg/Schloß
Universität
Adriatisches
Meer
Bar
Skutarisee
Skopje
Rila
2925
Plowdiw
BYZANTINISCHES REICH
Adrianopel
Melnik
RHODOPEN
2917 Berggipfel (Meter)
Grenze, 14. Jh.
Durres
Ochrida
Ohridskosee
Prespasee
Struma
Konstantinopel
Nicomedia
Marmara-
meer
Meter
2000
1000
200
0
Vlore
Aliakmon
Thessaloniki
Thasos
Gallipoli
Bursa
Sakarya
GRIECHENLAND
Karies
Olymp
2917
Lemnos
OSMANISCHES REICH
KLEINASIEN
Korfu
Korfu
Meteora
Larissa
Ägäisches
Meer
Lesbos
Phocaea
PINDOS
Andinitsa
Ionische
Inseln
GRIECHENLAND
Euböa
Chios
Volissos
ATHEN
Patras
Athen
Karistos
Andros
Argos
ACHAIA
GRIECHENLAND
Idra
Naxos
Kos
Modon
Mistra
HERZOGTUM
NAXOS
Rhodos
Rhodos
Cerigo
Kreta
Kandia
Maßstab 1 : 8 000 000
0
200 km
Frangocastello
A
B
C
1
2
3
4

LITAUEN, POLEN UND RUSSLAND

Polen und Rußland waren im Mittelalter die größten und einflußreichsten Staaten im östlichsten Teil Europas. Zwischen ihnen lag Litauen, unabhängiger Staat seit dem 13. Jahrhundert und ab dem späten 14. Jahrhundert im Zusammenschluß mit Polen von einem litauischen König regiert.

Polen

Der Name »Polen« leitet sich her von dem slawischen Wort für Ebene bzw. Flachland. Dort siedelten die *poleni*, also die »Bewohner des Flachlandes«. Im Gegensatz zum restlichen Europa schlossen sich hier verschiedene Stammesverbände schon recht früh zusammen; ihr erster Herrscher war Mieszko I. (963–992). Bald nach seinem Machtantritt ließ er sich taufen, und Polen wurde ein katholischer Staat, der die Autorität des Papstes in Rom anerkannte.

Mieszko begründete das Herrschergeschlecht der Piasten, mußte aber dem mächtigen deutschen Kaiser huldigen. Schon bald zerfiel das Staatsgebiet wieder, wurde im 12. Jahrhundert von verschiedenen Herzögen regiert, im 14. Jahrhundert jedoch wieder vereinigt.

▼ Krakau (Polen) spielte in der Entwicklung des Landes eine wichtige Rolle. Um die Jahrtausendwende wurde die Stadt Sitz des Bischofs. Die Kathedrale auf dem Bild geht auf ca. 1018 zurück, wurde aber im 14. Jh. neu errichtet. Die Universität wurde 1364 gegründet.

Rußland

Eine völlig andere Entwicklung machte das heutige Rußland durch. Im 10. Jahrhundert waren die Städte um Kiew zusammengeschlossen unter der Herrschaft von Nachfahren früherer skandinavischer Handelskrieger. Lange Zeit lebte die Bevölkerung in selbständigen Gemeinschaften, deren Wohlstand vom Ackerbau, nicht vom Handel herrührte, bis sie im frühen 13. Jahrhundert von den Mongolenhorden aus dem Fernen Osten überrannt wurden. Dadurch wurden die Russen in zwei Volksgruppen geteilt: die Weißrussen und die Großrussen. Letztere wurden im 13./14. Jahrhundert mächtiger. Das größer werdende Moskau war ihre Hauptstadt.

▲ Ikonen (Heiligenbilder) waren ein wichtiger Bestandteil des russisch-orthodoxen Glaubens. Diese Ikone wurde im 14. Jh. im russischen Nowgorod hergestellt und zeigt die Dreifaltigkeit mit Gottvater, Christuskind und heiligem Geist (als Taube).

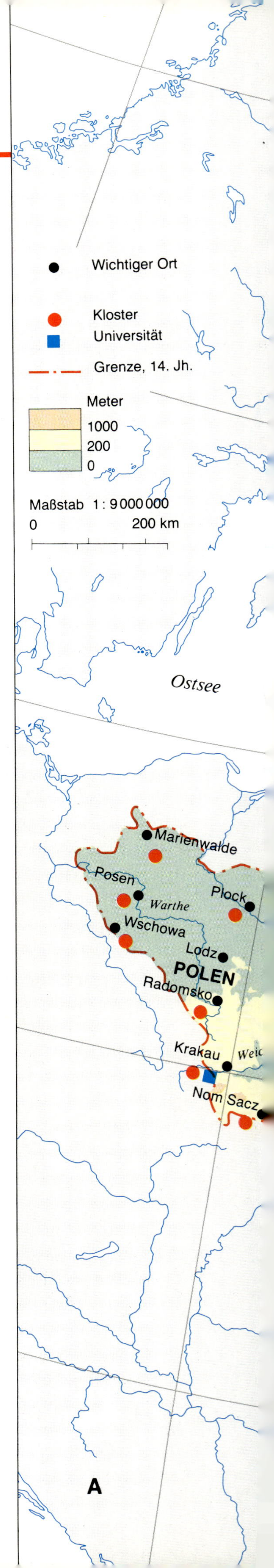

RUSSLAND
LITAUEN
MITTEL-
RUSSISCHE
TAFEL
Onegasee
Ladogasee
Finnischer
Meerbusen
Newa
Wolchow
Lowat
Wolga
Suchona
Unscha
Oka
Don
Düna
Memel
Dnjepr
Desna
Pripjet
Bug
Dnjestr
Kargopol
Weliki Ustyug
Ferapontow
Staroladozhskii
Oreshek
Blagoveschenskii
Wologda
Kirow
Galich
Shcheremenskii
Nowgorod
Borovich
Krasnokholmskii
Yaroslawl
Nikolaevskii Tikhonov
Gorodets
Nizhnii Nowgorod
Cholm
Torschok
Twer
Rostow
Suzdal
Braslaw
Polozk
Gzhatsk
Moskau
Murom
Wilna
Smolensk
Kaluga
Ryazan
Grodno
Minsk
Nowogrudok
Kirow
Odoyew
Dankow
Yelets
Wizha
Mogiljew
Warschau
Warka
Brest
Turow
Lublin
Wlodximierz
Lutsk
Tschernigow
Kiew
Bjelgorod
Lwow
Halicz
Poltawa
B
C
D
2
3
4

EIN RUSSISCHES DORF

Dieses Bild eines mittelalterlichen Dorfes in Rußland (unten) wurde verschiedenen Quellen nachgestellt. Einige Gebäude sind erhalten geblieben, und in Handschriften finden wir auch bebilderte Beschreibungen.

Das Szenarium
Es ist noch gar nicht so lange her, daß die Menschen in Städten und Dörfern nicht mehr durch den Schlamm und Matsch unbefestigter Straßen waten müssen. Hier ist Winter; die Öfen in den schornsteinlosen Häusern sind die einzige Wärmequelle.

Baumaterial Holz
Russische Dörfer und Städte waren fast völlig aus Holz gebaut. Moskau wurde die »hölzerne Stadt« genannt. Die Straßen wurden mit Holzbalken befestigt. Für die Blockhütten war Feuer die größte Gefahr. Auch die Kapelle ist aus Holz, sogar das Dach. Die Häuser waren mit vielen kunstvollen Schnitzereien verziert (wie hier die kleine Kuppel). Das freistehende Kreuz besteht natürlich ebenfalls aus Holz.

▼ Die Waffen des Bojaren und das Reiten zu Pferd wurden von den Mongolen übernommen. Das Reitervolk der Mongolen überrannte Nordchina, Nordindien und Rußland im Westen bis zum Schwarzen Meer. Ihr Einfluß auf Rußland hielt bis zum ausgehenden Mittelalter an.

Mit dem Schlitten unterwegs

Unter solchen Umständen war das Reisen natürlich beschwerlich. Ein wichtiges Verkehrsmittel war daher in Rußland der Schlitten, vor allem auf vereistem Boden und zugefrorenen Flüssen. In der Mitte des Bildes reitet ein Bojar; ursprünglich bezeichnete man damit einen Stammesführer, später einen adligen Grundbesitzer. Zwischen Kapelle und Kreuz siehst du einen orthodoxen Priester mit Bart.

SKANDINAVIEN 1

Auf den Seiten 24-25 haben wir erfahren, wie die Wikinger Skandinavien verließen, in weit entfernten Länder einfielen und sie besiedelten.

England und Skandinavien

Als König Knut von England nach dem Tod seines Bruders Harold 1016 auch der König von Dänemark wurde, fiel im 11. Jahrhundert die Geschichte Englands mit der Skandinaviens zusammen. 1028 zog er in Norwegen ein. Der militärischen Besetzung folgten angelsächsische Mönche, die die Bevölkerung zum Christentum bekehrten und Kirchen errichteten.

Im 12. Jahrhundert wurde Dänemark eine eigenständige Macht, eroberte Norwegen und zog nördlich entlang der Ostseeküste gegen Finnland.

Schweden

Im 13. Jahrhundert waren die skandinavischen Völker unter keiner gemeinsamen Macht vereinigt. Schweden wurde von einer Reihe Adliger beherrscht. Einer von ihnen, Jarl Birger, eroberte Mitte des 13. Jahrhunderts Südfinnland.

Handelsstädte und der Ostseeraum

Die Wikinger hatten mehrere, meist stark befestigte Handelsniederlassungen im Ostseeraum gegründet. Im 12. Jahrhundert lag der Handel in den Händen von etwa 200 deutschen Städten, die sich im Bund der Hanse (gleichbedeutend mit Partnerschaft) zusammengeschlossen hatten. Der Handel erzielte größere Erfolge durch die nun eingeführte Buchführung und den An- und Verkauf auf Kreditbasis, war also kein reines Tauschgeschäft mehr. Das Hauptquartier der Hanse war Visby, ab Mitte des 13. Jahrhunderts trat Lübeck an dessen Stelle.

Im 15. Jahrhundert nahm die Macht der Hanse hauptsächlich aus drei Gründen ab: Die skandinavischen Länder schlossen sich zusammen. Die Heringsbestände der Nordsee waren erschöpft. Der Handel verlagerte sich an die Atlantikküsten.

Handelsgüter

Zweigstellen der Hanse (sog. Kontore) gab es in England, Frankreich, Rußland und Norwegen. Gehandelt wurden Fisch und Wein aus Frankreich und Deutschland, Vieh aus Ungarn und Polen, Felle aus Rußland, Metalle und Holz aus Schweden, Butter und Vieh aus Dänemark sowie Wolle aus England.

▲ Teil eines Teppichs (12. Jh.) in der Kirche von Skog, einer Kleinstadt nördlich von Stockholm (Schweden). Auf dem Teppich wird der Kampf zwischen Christen und Heiden dargestellt, der sich damals in weiten Teilen Skandinaviens zutrug.

◀ Das Prüfen des Schwertes. Detail des geschnitzten Portals (12. Jh.) einer Stabkirche (siehe Seite 90). Es stellt die Sage von Sigurd (Siegfried), einem Helden der nordischen Mythologie dar. Die Kirche steht in Hylestad, etwa 250 km südöstlich von Bergen (Norwegen).

Orte
Hansestadt (siehe auch Seite 78—79)
Wichtige Stadt
Kloster
Burg/Schloß
2117 Berggipfel (Meter)
Grenze, 12. Jh. (wo bekannt)
Meter
2000
1000
200
0
Maßstab 1 : 7 500 000
0
200 km
5
4
3
2
1
A
B
C
Lofoten
Ingrisee
Kebnekajse 2117
Torneälv
Luleälv
Kemijoki
Storavansee
Umeälv
Oulusee
Europäisches Nordmeer
Bottnischer Meerbusen
Ångermanälv
Trondheim
Härnösand
NORWEGEN
FINNLAND
Saimaasee
Näsisee
Ljusnan
Galdhøpiggen 2470
Søgnefjord
Søgne
Glama
SCHWEDEN
Ladogasee
Bergen
Hamar
Lågen
Klarälv
Wiborg
Turku
Helsinki
Oslo
Finnischer Meerbusen
Stavanger
Hylestad
Uppsala
Vasteras
Mälarsee
Tønsberg
Birka
Stockholm
Vänersee
Skara
Linkoping
Göteborg
Gotland
Skagerrak
Vättersee
Visby
Ålborg
Varberg
Växjö
Viborg
DÄNEMARK
Kalmar
Århus
Öland
Helsingborg
Ribe
Roskilde
Kopenhagen
Malmö
Ostsee
Svendborg
Flensburg
Schleswig
Trelleborg
Kiel

Søgne, Norwegen

Auch wenn Hakon der Gute Mitte des 10. Jahrhunderts der erste christliche König Norwegens war, so gab es doch lange zuvor in Skandinavien schon Christen. Auf dem Land finden wir archäologische Spuren des Christentums in Form von Grabstätten und Gedenksteinen. Im 9.–10. Jahrhundert wurden von den Missionaren gewiß Kirchen gebaut, von denen jedoch bisher keine Überreste gefunden wurden. So gut wie sicher bestanden all diese Kirchen aus Holz.

Stabkirchen
Die skandinavischen Stabkirchen wurden nach einem einfachen Plan aus hochkant gestellten Holzpfosten errichtet. Meist hatten sie ein rechteckiges Hauptschiff und einen quadratischen Altarraum mit vier tragenden Pfosten, auf denen die Dächer ruhten. Manche hatten auch Seitenschiffe. Außen waren sie oft reich verziert. Die Kirche von Borgund auf unserem Bild hat mehrere Dächer übereinander mit kunstvoll geschnitzten Tierköpfen.

▼ Die Kirche von Borgund (Søgne, Westnorwegen) wurde etwa 1150 erbaut. Sie besteht ganz aus Holz. In Norwegen wurden alle etwa 700 Kirchen aus der Zeit von 1000 bis 1300 aus Holz errichtet. Davon sind nur noch 25 erhalten.

Trelleborg, Dänemark

Die Wikinger-Festung von Trelleborg im Westen Seelands ist die besterhaltene von vier nahezu gleichen Rundfestungen. Sie wurde zwischen Mitte des 10. Jahrhunderts und Anfang des 11. Jahrhunderts gebaut und benutzt. Diese riesigen Festungen sind einzigartig in Westeuropa; einiges deutet jedoch darauf hin, daß die Anlagen auf zwei Feinde der Wikinger zurückgehen: die Slawen (aus Mittel- und Osteuropa) und die Sachsen (aus Deutschland).

Sorgfältiger Bauplan
Alle vier Festungen entstanden wohl auf Geheiß des dänischen Königs und sind nach dem gleichen Plan gebaut: Sie sind rund. In ihrem Innern stehen 16 zu Vierergruppen angeordnete Häuser. Sie wurden kreuzförmig von zwei Straßen durchlaufen. Die vier Gebäude umstehen jeweils einen Innenhof. Der Anlage von Festung und Gebäuden liegt die römische Maßeinheit Fuß zugrunde.

Mächtige Befestigungsanlagen
Die Ausgrabungen von Trelleborg ergaben, daß die Befestigungsanlagen außen aus Erde bestehen und innen von einer Holzkonstruktion gestützt werden. Palisaden (Zäune) befestigten den äußeren Wall. An jedem der vier Eingänge fanden sich große, schwere Holztore und Wachttürme. Dahinter lag ein Graben. Im Gegensatz zu den anderen drei Festungen ist Trelleborg mit einem weiteren äußeren Schutzwall versehen.

Unterkünfte und Werkstätten
Die langen Hütten im Innern sind allesamt aus Holz gebaut und mit Reet (wie auf unserem Bild) oder Holzschindeln gedeckt. Die tragenden Holzpfosten sind im Boden eingelassen. Diese Hütten dienten wohl als Unterkünfte für die Truppen.

Ausgrabungen zeigten ferner, daß auch verschiedene kleine Werkstätten vorhanden waren (z.B. für Metallverarbeitung). Vielleicht wurden auch die Steuern, die für den König eingetrieben wurden, in dieser sicheren Festung verwahrt.

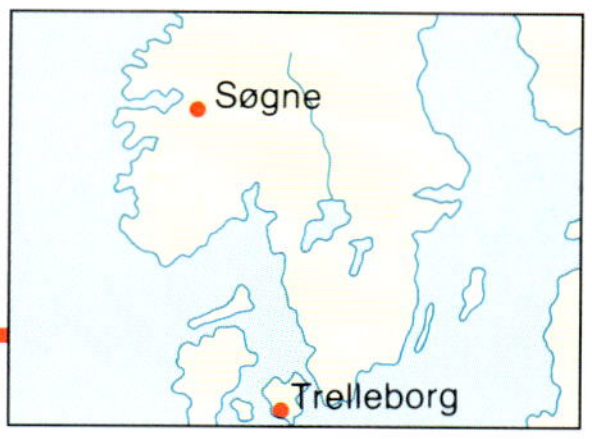

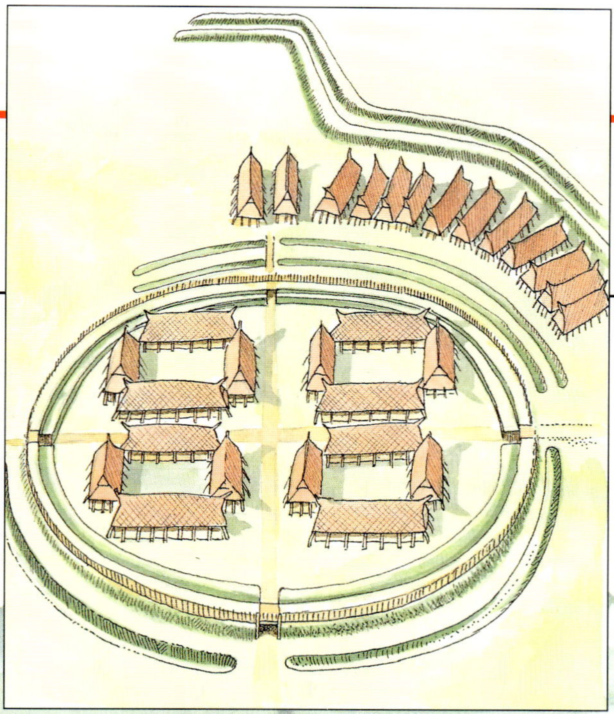

▶ Die Festung Trelleborg unterscheidet sich von den drei anderen durch einen zusätzlichen Gebäudekomplex (oben rechts), der durch einen eigenen Doppelwall und Gräben geschützt wird und aus weiteren 15 Häusern besteht.

▼ Der hier gezeigte Teil der Festung Trelleborg läßt einen näheren Blick zu: Der Außenwall besitzt aus Gründen der Stabilität zwei Ebenen, die den Wachen zudem leichter Zugang gewährten. Jede Gebäudegruppe diente wohl verschiedenen Zwecken: als Unterkünfte für die Krieger sowie in unruhigen Zeiten auch für die Bevölkerung des Umlandes und als Verwaltungsgebäude für den König.

WORTERKLÄRUNGEN

Archäologen Wissenschaftler, die wie Detektive nach Überresten der Vergangenheit suchen. Sie bringen manche Funde durch Ausgrabungen ans Licht und erschließen die Geschichte von Bauwerken.

Barbaren oder **barbari** Römischer Begriff für alle Fremden, die außerhalb der römischen Grenzen lebten und nicht Latein sprachen.

Bergfried Hauptturm einer Burg an der unzugänglichsten Stelle, der den Bewohnern als letzte Zufluchts- und Verteidigungsstätte diente.

Burg Stark befestigter Sitz eines Königs, eines Landesherren oder Herrschers, gebaut zur Verteidigung des Gebietes und als sicherer Zufluchtsort.

Cinq Ports Ursprünglicher Name der fünf Häfen an der englischen Südküste; sie hatten besondere Privilegien, dafür aber auch bestimmte Pflichten.

Danelaw Das Siedlungsland der dänischen Wikinger in England.

Diözese Im spätrömischen Reich zunächst ein Verwaltungsbezirk, dann Amtsbereich eines Bischofs (Bistum).

Domesday Book (Gerichtstags-Buch) Verzeichnis der Besitztümer mit ihren Herren, von Wilhelm dem Eroberer 1086 in England in Auftrag gegeben.

Fort Festung, befestigter Sitz einer Heeresabteilung.

Handschrift Ein von Hand geschriebenes, also noch nicht gedrucktes Buch (Manuskript).

Hanse Ein Handelsverband deutscher Städte im 11.–17. Jh.

Hügelgrab Eine Grabstätte mit aufgeschüttetem Erdhügel.

Ikonoklasmus: Streit um die Rechtmäßigkeit der Verehrung christlicher Bilder in der byzantinischen Kirche, 726–843.

Islam Die Religion der Muslime, der Nachfolger des Propheten Mohammed.

Kalif Titel von islamischen Herrschern.

Kanoniker Ein nach bestimmten Regeln (griech. kanon = Regel) lebender Weltgeistlicher einer Kathedrale oder Kirche, Mitglied des Kapitels.

Kapitelsaal Saal in einem Kloster oder einer Kathedrale, in dem Zusammenkünfte der religiösen Gemeinschaft stattfanden.

Kathedrale Hauptkirche eines Bischofs.

Kirchenschiff Teil der Kirche, in dem sich die Gemeinde während des Gottesdienstes aufhält.

Kondottieri Söldner in Italien (14.–15. Jh.).

Kreuzzug Feldzug zur Rückeroberung des Heiligen Landes von den Nicht-Christen. Der Begriff leitet sich her von den auf der Kleidung der Ritter aufgenähten Kreuzen.

Lehen Vom König gegen Kriegsdienste *verliehenes* Land.

Miliz Bürgerwehr; heimische Truppen zur Verteidigung italienischer Städte (bis ins 14. Jh.).

Miserikordie (lat. misericordia = Erbarmen) Klappsitz für die Geistlichen bei langen Gottesdiensten.

Motte Eine Burg mit Erdschutzwällen und Holzgebäuden; der Bergfried stand erhöht auf einem Hügel; ab dem 12. Jh. von Steinburgen abgelöst.

Muslime Die Anhänger der islamischen Religion.

Orden Gemeinschaft von Mönchen oder Nonnen, die nach bestimmten Regeln leben. Es gab auch Ritterorden, die zur Zeit der Kreuzzüge gegründet wurden (z.B. die Johanniter).

Oströmisches Reich Teil des Römischen Reiches mit Hauptstadt Konstantinopel (auch Byzanz, heute Istanbul); manchmal auch Byzantinisches oder Heiliges Christliches Reich genannt (siehe auch Weströmisches Reich).

Pilgerfahrt Eine meist lange Reise zu der Gedächtnisstätte eines Heiligen; die Pilger erhofften sich dadurch die Vergebung ihrer Sünden.

Reich Herrschaftsgebiet eines Kaisers oder Königs mit meist mehreren Einzelgebieten.

Ritter Ursprünglich ein unfreier Dienstmann; später ein aus adliger Familie stammender und nun dem König dienender Soldat zu Pferd mit Waffen und Rüstung.

Seitenschiff Teil einer Kirche zu beiden Seiten des Hauptschiffs; sein Dach wird durch Säulen getragen.

Söldner Soldaten, die gegen Lohn Kriegsdienste leisten.

Strebepfeiler Stützpfeiler an der Außenseite von Kathedralen, die das große Gewicht des Daches tragen.

Weströmisches Reich Teil des Römischen Reiches mit Hauptstadt Rom (siehe auch Oströmisches Reich). Es wurde schließlich in das Fränkische und in mehrere Barbarenreiche geteilt.

Zunft Vereinigung von Händlern oder Handwerkern (z.B. Bäckerzunft).

LITERATURHINWEISE

Sachbücher:

Gombrich, Ernst H.: Eine kurze Weltgeschichte für junge Leser. Köln (DuMont-Buchverlag) 1985.
Miquel, Pierre: So lebten sie zur Zeit der Ritter und Burgen. 1250–1350. Hamburg (Tessloff-Verlag) 1979.
Pleticha, Heinrich: Ritter, Bürger, Bauersmann. Würzburg (Arena-Verlag) 1987.
Putzger, F.W.: Historischer Weltatlas. Berlin (Cornelson-Velhagen und Klasing) 1980.
Schülerduden. Die Geschichte. Mannheim (Dudenverlag) 1988.
Stephan-Kühn, Freya: Viel Spaß im Mittelalter! Würzburg (Arena-Verlag) 1986.

Romane und Nacherzählungen mittelalterlicher Literatur:

Beckmann, Thea: Kreuzzug ins Ungewisse. Würzburg (Arena-Verlag) 1989.
Lechner, Auguste: Die Nibelungen. Würzburg (Arena-Verlag) 1989.
Lechner, Auguste: Parzival. Würzburg (Arena-Verlag) 1988.
Lechner, Auguste: Gudrun. Würzburg (Arena-Verlag) 1989.
Lechner, Auguste: Dietrich von Bern. Würzburg (Arena-Verlag) 1989.
Lechner, Auguste: Die Rolandsage. Würzburg (Arena-Verlag) 1984.
Lechner, Auguste: Der Reiter auf dem schwarzen Hengst. Würzburg (Arena-Verlag) 1990.
Leiker, Sjoerd: Kundschafter gegen Attila. Würzburg (Arena-Verlag) 1988.
Olsen, Lars-Henrik: Stich um Stich. Würzburg (Arena-Verlag) 1990.

Nachschlagewerke für Erwachsene:

Borst, Arno: Barbaren, Ketzer und Artisten. Welten des Mittelalters. München (Piper-Verlag) 1988.
Fuhrmann, Horst: Einladung ins Mittelalter. München (C.H. Beck-Verlag) 1987.
Mann, Golo / Heuß, Alfred (Hrsg.): Rom. Die römische Welt. Propyläen Weltgeschichte Bd. 4. Berlin–Frankfurt (Propyläen-Verlag) 1986.
Mann, Golo / Nitschke, August (Hrsg.): Islam. Die Entstehung Europas. Propyläen Weltgeschichte Bd. 5. Berlin– Frankfurt (Propyläen-Verlag) 1986.

ORTSVERZEICHNIS

Hier werden Orte aufgelistet, die auf den *großen Karten* mit Gradfeldern verzeichnet sind. Jeder Eintrag ist mit einer Seitenzahl und der Angabe des Gradfeldes versehen, zum Beispiel:

Frankfurt/Main 79 B5.

REGISTER

Schräg gedruckte Seitenzahlen beziehen sich auf Abbildungen, Bild- und Kartenerläuterungen.